管理新浪潮文库
management new wave library

刷新

企业文化塑造未来

杨序国◎著

企业管理出版社
ENTERPRISE MANAGEMENT PUBLISHING HOUSE

图书在版编目（CIP）数据

刷新：企业文化塑造未来 / 杨序国著. -- 北京：
企业管理出版社，2022.9

ISBN 978-7-5164-2301-1

Ⅰ. ①刷… Ⅱ. ①杨… Ⅲ. ①企业文化－研究 Ⅳ.
① F272-05

中国版本图书馆 CIP 数据核字 (2020) 第 244157 号

书　　名：刷新：企业文化塑造未来
书　　号：ISBN 978-7-5164-2301-1
作　　者：杨序国
责任编辑：张　羿　赵　琳
出版发行：企业管理出版社
经　　销：新华书店
地　　址：北京市海淀区紫竹院南路17号　**邮编：**100048
网　　址：http://www.emph.cn　**电子信箱：**qygl002@sina.com
电　　话：编辑部（010）68416775　发行部（010）68701816
印　　刷：河北宝昌佳彩印刷有限公司
版　　次：2022年9月第1版
印　　次：2022年9月第1次印刷
开　　本：710mm × 1000mm　1/16
印　　张：13
字　　数：171千字
定　　价：68.00元

书中人物表

高文明，北锋公司3位创始人之一，董事长，男，49岁。

唐明伟，北锋公司3位创始人之一，CEO，男，43岁。

伍次友，北锋公司副总经理兼总工程师，男，35岁。

肖天明，北锋公司市场部总监，男，38岁。

朱瑞华，北锋公司计划财务部经理，女，37岁。

陆大海，北锋公司市场部助理销售工程师，男，24岁。

李步青，北锋公司人力资源部经理，北锋公司人才与企业文化转型小组成员，男，32岁。

赵晓园，北锋公司人力资源部经理助理兼组织发展专员，北锋公司人才与企业文化转型小组成员，女，28岁。

邹　琴，北锋公司人力资源部培训专员，北锋公司人才与企业文化转型小组成员，女，23岁。

杨　景，SZ咨询公司董事、总经理、首席咨询顾问，北锋公司人才与企业文化转型小组成员，男，44岁。

查晓丹，SZ咨询公司企业文化高级咨询顾问，北锋公司人才与企业文化转型小组成员，女，36岁。

序言

润物无声：企业文化刷新沁入人心

企业文化是什么？乔布斯曾表达过这样的观点：文化不是纸面上怎么宣传，而是人们信仰什么、如何思考、怎样做事。

奈飞创始人哈斯廷斯说："奈飞的成功如果要说有什么秘诀的话，那可能就是我们独一无二的企业文化。企业文化就是有关员工如何工作的一种战略。如果加入企业的员工相信这种战略，就会帮助企业进行更深入的思考并做出各种尝试。想要更好地应对当前变幻莫测的市场和业务，光靠管理层是远远不够的，我们希望激发所有员工思考、尝试！这就是企业管理者最希望达到的状态，也是每一位员工在工作中享受快乐和体现价值的重要标准。"

企业文化的建设，是企业前进的基石。阿里巴巴能在短短十几年里一跃成为全球最大的互联网公司之一，与其特有的文化息息相关。华为、腾讯、字节跳动等也都依赖于自身的文化体系建设，支撑着它们达到今天的规模。微软能够重回巅峰，两个方面的因素功不可没：一是业务层面的战略转型；二是观念层面推动的企业文化变革。

伟大的企业都强调企业文化，企业文化是一个企业的灵魂。平时看不见、摸不着，润物无声，以潜移默化的方式维系着组织的稳定和发展。

《财富》杂志指出，世界500强企业胜出其他企业的根本原因就在于这些企业善于给自己的企业文化注入活力。优秀的企业文化将极大地促进企业的发展。那些没有文化内涵的企业也许会获得一时的经济效益，却很难长久获得竞争优势并可持续地发展。

哈佛大学的约翰·科特和詹姆斯·赫斯克特深入研究了企业文化与

企业长期经营业绩之间的相关性，他们认为："企业文化对企业长期经营业绩有着重大的作用。我们发现，重视所有关键管理要素（消费者要素、股东要素、企业员工要素）、重视各级管理人员领导艺术的企业的经营业绩远远胜于那些没有这些企业文化特征的企业。在 11 年的考察期中，前者总收入平均增长 682%，后者则仅为 166%；前者的股票价格增长为 901%，而后者为 74%；前者的净收入增长为 756%，而后者仅为 1%。"

据了解，现在有不少企业尽管对企业文化高度重视，但对企业文化的认识、建设与变革等方面存在着模糊、肤浅等诸多误区，其主要表现在以下几个方面。

一是"口号文化"，在工厂、写字楼到处张贴、挂满各种各样时髦的标语、口号，诸如"诚信、创新、拼搏、奉献"，再如"以质量打市场、靠信誉求发展"等，其目的无非是想给人一种视觉上的冲击。在这里，企业文化成了装点门面、提高档次的热门术语。其实，企业文化绝对不是单纯的口号，也不是所谓的名言警句。

二是企业文化常常被作为某些企业思想工作的补充，与此相对应的另一个现象是用文体活动代替企业文化。

三是"空洞文化"，提出一些脱离企业实际方向的理念，如"服务社会"等。

四是"文本文化"，有些企业请来一些外来的"和尚"，收集各种流行的概念，拼凑成"企业基本法""企业宪章"之类的东西，理论不是理论，制度不是制度，把企业文化搞成花架子与装饰品。结果就是说一套、做一套，"文化墙上挂、行动地下爬"，导致价值观混乱。

五是"仪式文化"，推行升司旗、唱司歌等走过场的一些形式主义的东西。

…………

当然，我们并不是说上面这些方法在企业文化建设中没有效果，但问题在于：一是企业文化的关键是核心价值观的内化，其最终会通过员工的行为与理念表现出来，企业文化建设不能本末倒置，不能把上面那些工具性、策略性的方法当成企业文化建设的结果；二是企业文化是企业战略的一部分，企业战略决定企业文化，不事先对企业战略进行研究而进行所谓的“企业文化建设”，最后的结果只能是“南辕北辙”；三是根植于人们内心深处的理念需要改变——企业文化建设是一个长期的、持续的过程，绝对不是一时的头脑发热，其贯穿企业经营之始终。

商业环境易变、不确定、复杂、模糊——VUCA，新冠肺炎疫情成为全球性事件，数字技术的出现……

消费者主权时代的兴起，C2M 成为消费主流……

个体价值崛起，“90 后”“95 后”成为职场主体……

…………

这是一个最坏的时代，也是一个最好的时代。危机产生转机，以云计算、大数据、物联网、人工智能为代表的数字技术给各行各业带来了颠覆性的改变。

亚马逊公司创始人贝佐斯很早就预言：“数字化转型会席卷所有行业。”抓紧数字化转型的关键时机，对于企业有着至关重要的意义。

这一切都意味着会给企业的组织建设与团队管理带来颠覆性变革，意味着企业需要在各个领域做出全方位的改变。职业经理人也需要与时俱进，通过企业文化的转型——刷新来应对这种不确定性和复杂性。

这是一个速度制胜的时代，因为云计算、人工智能、大数据、物联网等新技术的日新月异，以及市场与用户和营商环境的变化，企业只能以变应变，必须具有很强的创新能力，具备对用户与市场做出敏捷反应的能力，内部的组织、流程、机制与人才也必须足够灵活、足够敏捷……而这些变化的背后是领导力的转型、组织心智的转型、集体人格的转型、企业文化的刷新。

"90后""95后"成为职场主体，他们是完全不同于"70后""80后"的新职场"物种"，这就要求企业管理者的领导风格及企业管理模式、组织氛围也必须进行相应的转型，这里除了领导力的转型，最核心的还是企业文化的刷新。

因此，在当今这个新技术、新员工、新时代的大背景下，一家企业，不但商业模式、战略、运营方式及领导力和人才管理模式要转型，企业文化也要刷新。那么，企业文化如何刷新呢?

我们知道，80%的企业文化是和创始人息息相关的。初创企业越来越反映出创始人的一切，包括其个性、长处、弱点等。所以，当初创企业开始定义核心价值观时，首先要分析创始人的个性：如果创始人很有竞争精神，那么，公司将会更加上进求胜；如果创始人善于分析、驾驭数据，那么，公司也会倾向于在理性的基础上做出决定；如果创始人是个深思熟虑的人，那么，公司的发展可能会相对滞缓；如果创始人是个很好的设计者，那么，也会很好地引导公司的产品开发工作。这个时期的文化，我们可以称之为原生文化。

经过最艰苦的0到1，企业进入了快速发展期，企业的业务天天都在变化，但这个时候，企业恰恰需要相对稳定的文化氛围去学习、去创新。

企业发展步入平稳期，业务进入下行区，这个阶段需要的是组织变革。

…………

这就是企业的不同发展阶段企业文化能起到的作用。因此，企业处于不同的发展阶段，需要不同的文化相佐。

此外，市场、社会环境、信息技术日新月异，企业针对这些变化要做出成功的反应也必须有灵活的、相适应的企业文化。

当然，无论是企业处于不同的发展阶段需要不同的文化，还是外部环境变化需要相适应的文化以应对，其底层都是战略（环境）与文化的重新匹配，需要通过文化的刷新来支撑企业的战略。正是基于这一认识，本书为读者提供了一套操作简便的数字时代企业文化刷新的解决方案，我们所要做的就是以下 4 个方面的工作。

1. 还原原生文化——回答“我们在哪儿”的问题。这里的“还原”是要找到企业的核心价值观，是企业管理人员与员工特别是创始人为人处事与经营管理的信念及其具体行为准则，而不是企业官方网站上企业文化一栏中那几句用词华丽、韵律考究的口号或标语，也不是企业管理者口中对员工提出要求时宣扬的价值观。如前所述，为了与刷新后的企业文化相区别，我们称这种文化为原生文化。

2. 原生文化与战略匹配吗？基于还原的结果，分析原生文化，了解企业的文化历史和环境，以一定的标准来诊断原生文化和战略之间的匹配度。

3. 重新定位企业文化——回答“我们要去哪儿”的问题。分析企业的外部环境、行业特征与战略，明确企业文化类型，对文化重新定位。重新定位文化之后，就可以提炼新的核心价值观了。

4. 企业文化重塑——如何刷新？以新的核心价值观为原点，通过企业家的自我觉醒与自我革命、企业管理人员的传承，以及氛围的营造、反复并不厌其烦地宣传与沟通，构造一种能复制与放大核心价值观的机制与策略，让新的核心价值观战胜旧的核心价值观、新的行为战胜旧的行为，从而形成新的组织心智、思维模式与行为风格。

杨序国

2022 年 6 月

目 录

第十章　制度化与形象化

第十一章　复盘

尾　声　未来已来

附　录

参考文献

后　记　出版缘由与致谢

引子 危机

2020 年，一场席卷全球的新冠肺炎疫情给中国乃至全球的经济前景带来了巨大的不确定性，同时给众多的中小企业也带来了巨大的生存危机。

作为一家传统的中小型装备制造企业，北锋公司自 2008 年成立至今的 12 年来一直顺风顺水，迅速成长为工业制气装备领域的隐形冠军。

最近几年，随着国家在重化工业领域的“去产能”“去杠杆”“去库存”，很多工程项目暂缓或中止，北锋公司的业绩因此受到不小的影响。北锋公司在北京市通州区的工厂产能已经出现了约 30% 的冗余，不得不在 2018 年进行了适度的人员优化。

面对疫情，北锋公司全部 10 余个交付项目不得不暂停；新签项目不得不延期开工，甚至有可能被取消；跟进中的销售商机也会被迫延期甚至搁浅（客户为了能“活”下去，会有意识地停掉一些计划开工的项目或准备开工的项目）。对北锋公司而言，疫情无异于雪上加霜。

由于疫情影响，北锋公司的产线工人迟迟无法复工。全体员工只能选择在家办公，市场部的 10 多位销售工程师与他们的部门总监肖天明一样不得不老老实实待在家里办公，只能通过电话或微信等即时通信软件与客户联系。

市场部年轻的助理销售工程师陆大海无奈地说：“不是我们不想出差，而是客户都没开工。1 月刚签下来的订单，收到 40% 首付款 200 万元，却被客户告知项目要延期开工，具体什么时候能开工，客户自己也说不好。一切都充满了不确定性。”

其实，除夕以来，北锋公司创始人之一、第三任总经理唐明伟便寝食难安。

唐明伟安慰自己：好在春节还有半个月假期，正好可以好好想想如何面对这个最大的不确定性。于是，他与公司副总经理伍次友通过微信聊了起来，主要围绕以下 4 个话题展开讨论。

1. 疫情会持续多久？

2. 公司会不会“死”？

3. 公司怎么“活”下去？

4. 如果再有类似的危机，公司应该提前做些什么？

同在北京的伍次友也顾不上春节与家人在一起难得的休息时光，与唐明伟你一言我一语地聊了起来。

面对疫情，3 类企业会因此得以迅速做大做强：第一类是现金流比较充沛的公司；第二类是拥有流量的平台公司；第三类是特殊行业的公司，比如医药行业、食品行业。疫情对 3 类企业会有很大的冲击：第一类是现金流少的中小型企业；第二类是纯线下业务的企业；第三类是服务业。

唐明伟 、伍次友一致认为：北锋公司的业务属于 2B 的纯线下业务，收入 100% 来自线下，那就等于进入了危险区，受到的影响必然很大。但是，北锋公司不会“死”。理由有四：第一，北锋公司现金流充沛，能维持 10~12 个月；第二，北锋公司有非常优秀的产品团队和工程服务团队；第三，北锋公司业内有口碑，技术在国内属于绝对领先水平；第四，尽管北锋公司的业务在短期内会受到很大冲击，甚至要做好一个季度甚至整个上半年收入为零的准备，但国家也许会出台新的经济政策，北锋公司会迎来发展大机遇。

第一章 数字化转型的关键

刷新 答案是“人”

唐明伟认为：疫情对北锋公司的影响已经从危机变成生死问题了，但中高层管理者的意识是不是也能跟得上？员工的意识是不是、能不能跟到位？必须尽快让中高层管理者达成共识并由他们影响每一位员工。有必要尽快召开中高层管理人员会议，然后逐级进行会议宣贯，把问题的严重性做深度剖析。

面对危与机并存的局势，农历正月初七，北锋公司的中高层管理者提前结束休假，以远程办公的方式正式上班。上班第一天的唯一工作就是视频会议，这次会议以头脑风暴的方式进行，主要有两大议题：一是公司怎么“活”下去；二是如果再有类似危机，公司应该提前做些什么。这两个议题其实属于同一个问题。

会议一开始，人力资源部经理李步青第一个发言：“近几年来，数字化转型是企业界的热词，尽管大多数企业都在关注数字化转型，但转型的紧迫感和举措及执行力并不强。以前，很多企业仅仅将数字化当作业务增长的‘附加值’。然而，此次疫情会让许多企业对数字化的态度发生转变，数字化将从‘可选项’变成‘必选项’。”对此，李步青讲了两个理由。

“第一，疫情使人们更深刻理解了数字化转型的必要性。抗击疫情，不仅需要一线科研和医疗工作者搭建起来的救治防线，还需要有新兴技术组成的数字化防线。疫情期间，线上问诊、远程医疗等丰富的数字化应用很大程度上缓解了医疗资源的紧缺。抗疫不再是医疗人员的单兵作战，而是携手数字化对抗疫手段进行全面升级。

“第二，疫情后的复工将加速企业数字化办公。在线办公、视频会议、远程协同、数字化管理等互联网公司常见的数字化工作方式，复工后开始进入传统行业。市场上会涌现出大批远程办公应用程序。”

对当下的北锋公司而言，李步青认为：就是要迅速实现业务在线、协同在线、沟通在线、组织在线等目标，解决远程办公的效率与品质问题。

众人表示赞同，毕竟一上班就会面临远程办公的问题。

北锋公司主管技术与制造的副总经理兼总工程师伍次友接过李步青的数字化话题，说：“李经理说得对，也说得及时。近几年，‘人大物云’（人工智能、大数据、物联网、云计算）等新兴科技在社会治理、产业发展、企业改革等方面，甚至是金融、消费、流通及今天的组织重构上，都处于互联网一网打尽、大数据无孔不入、智能化无处不在的状态。我们进入这样的数字化时代，可以说，拥抱新兴科技力量其实是一个必然趋势。”

话题一打开，伍次友这位管理与技术的“双料”高管便滔滔不绝地说开了，他告诉大家：“这是一个最坏的时代，也是一个最好的时代。危机产生转机，以云计算、大数据、物联网、人工智能为代表的数字技术给各行各业带来了颠覆性的改变。”

“亚马逊公司创始人贝佐斯很早就预言——数字化转型会席卷所有行业。

“埃森哲在《技术展望 2020》的报告中指出，‘数字化已无处不及、无时不在，人们的工作方式、社会交往方式及思想行为都呈现出新数字时代的新面貌’。

“华为公司的研究部门发布评估报告称，‘现代信息化收益是常规固定资产投资收益的 7.3 倍’。因为‘7.3 倍’，所以许多企业就热火朝天大力投资新基建，包括 ERP、物联网、5G、网络平台等技术在内的数字化体系。

“抓紧数字化转型的关键时机，对于企业存亡有着至关重要的意义。

“具体对北锋公司而言，就是要向三一、GE（通用电气）等装备制造领域的标杆企业学习，在我们公司生产的设备上加上传感器，加上数字化系统，让制气生产线智能化。这样的话，能大大提升产品附加值，更重要的是我们能随时掌握这些设备及这些生产线的生产数据、设备运行数据。以前，我们主营收入是卖设备、卖制气生产线，属于增量市场；而在存量市场上，我们做得很少，只是卖了一些零部件，因为卖出去的设备与生产线需要维护与修理。如果我们对设备进行数字化改造，就意味着我们切入了一个全新的存量市场，我们就不仅仅是卖零部件了，我们不但能提供设备维护与修理数据服务，我们还可以切入设备维护与修理市场，完成公司从卖设备到卖服务的转型。如果队伍成熟，我们甚至可以做代运营，那就是从卖服务到直接卖氧气、卖二氧化碳了，实现第二次转型。”

众人对伍次友的讲话表示赞赏。

作为总经理，唐明伟暗暗对伍次友竖起了大拇指，迫于自己的身份，每次这种头脑风暴式的会议，他一般不会做任何表态，只是静静地听着。看到会议讨论的主题越来越聚焦于公司数字化转型、服务化转型这两个话题，他暗自高兴，因为伍次友说出了自己想说但一直不方便说的事情：数字化转型、服务化转型，这是唐明伟2018年接任总经理以来一直想做的事情，在2020年疫情当下由主管技术与服务的副总经理提出来，正中下怀。

唐明伟知道，不少头部企业已经借助数字化进行了转型。

其实，早在2018年，北锋公司技术部门就成立一个数字化项目小组，开始数字化技术论证、技术预研、产品试制，并且通过了外部试验，已经具备量产条件。同样是在2018年，在唐明伟的要求下，肩负战略与投资职能的计划财务部也开始进行可行性论证了。数字化转型，向服务转型，这对北锋公司无异于一场脱胎换骨的蝶变。唐明伟觉得：现在是“万事俱备，只欠东风”了。疫情对北锋公司而言，是挑战，也是机遇，给公司数字化转型、服务化转型安了一个加速键，无疑是“东风”。

上午的头脑风暴对“两化”（数字化转型、服务化转型）达成了共识，接下来就是如何落地的问题了。于是，唐明伟决定将原计划下午召开的视频会议改到明天，请 7 位部门负责人用下午的时间思考“如何推进公司的‘两化’转型”的问题，明天依次发言。每个部门负责人的发言时间是 20 分钟左右，再留 10 分钟答疑时间。

2 月 1 日（农历正月初八）这一天，北锋公司的视频会议如期进行，市场部、技术部、工厂、工程项目部、采购部、人力资源部、计划财务部等部门的负责人轮流发言。

其他部门的负责人分别从部门业务的维度讲了各自的建议，人力资源部经理李步青则从人才与文化的角度提出自己的见解：“刚刚各位讲了公司业务如何实现数字化，如何向服务业转型。但是，不知道大家有没有想过，又有多少企业真正完成了数字化转型与服务化转型呢？目前看来，结果并不乐观。埃森哲、IDC 和华为等公司在最近的报告中表明，2019 年，只有 7% 左右的公司获得了数字化转型的阶段性成功，而大部分公司仍处于数字化转型的初级阶段。”

李步青问大家：“是什么原因导致很多企业没有敏锐捕捉住‘天时’呢？”

不等众人回答，李步青的答案掷地有声：“答案是人，是人的转型。人的转型分为两个方面。一是人的能力的升级与转型，包括管理者和员工。对于管理者而言，需要公司刷新管理者标准，重构领导力模型；对于员工而言，需要短期内通过快速学习的培养方式来解决能力升级与转型问题。当然，管理者也就是今天参加会议的中高层管理者的能力升级与转型是重点。二是人的认知模式与思维方式的升级与转型。人的认知模式与思维方式的核心是企业文化，因此，其升级与转型就是要刷新企业文化。”

为了论证自己的观点，李步青还特意展示了一张 Burke–Litwin Model 的 PPT（见图 1–1）。

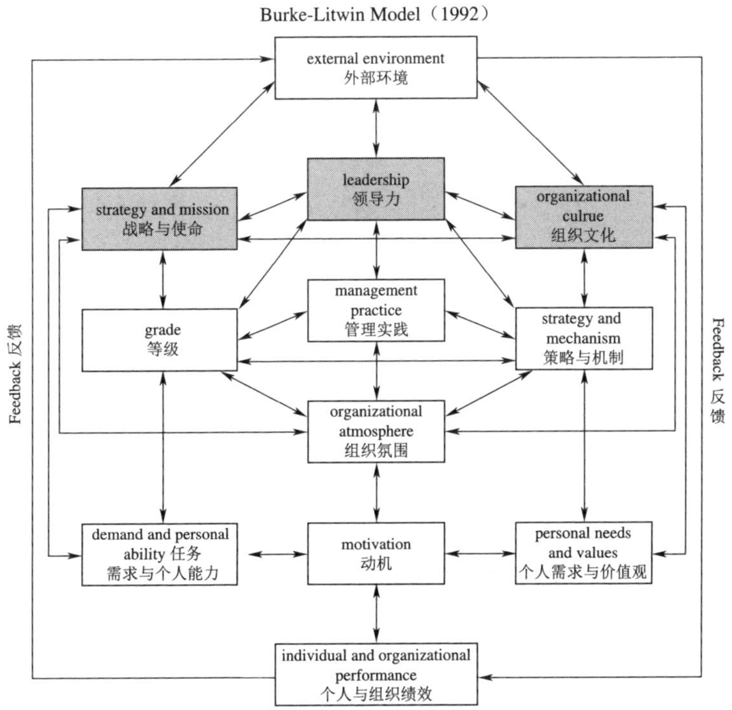

图 1–1　组织绩效与变革模型

李步青指着 PPT 对大家说：“阴影部分内的因素为转型性因素，而组织变革成败的关键就取决于这几个转型性因素！”

多年组织变革的经验告诉唐明伟，人的转型是一切转型的基础与前提。在两天的视频会议结束之后，他特意写了一封致全体员工的公开信，分析了疫情对于行业及公司的负面影响，以及公司会采取的应对举措，希望全体员工在疫情防范、公司的数字化转型与服务化转型、成本管控等方面达成共识，力出一孔，共渡难关。

计划财务部经理朱瑞华随后也给员工发了一封公开信。这封信将公司真实的财务状况一五一十地告诉了大家，特别是营业收入、成本与费用、毛利率、净利润及应收应付款、现金流等员工特别关注的财务数据。朱瑞华在信中承诺：以后每月5日，将持续不间断地公开公司的经营业绩数据，包括一些敏感的财务数据。

人力资源部经理李步青作为“北锋大家庭”微信群的“群主”，发了好几轮红包之后，也告诉大家：从下周六起，人力资源部会每周编撰《公司动态》，通过邮件与微信群发给全体员工，让全体员工实时了解公司发生的事情，特别是公司EMT团队会议、产品研发情况、销售与回款情况、“两化”动态等，做到信息及时、透明、公开。

3封公开信一经发出，很多员工自发地建言献策，几个有数字化与服务化工作经历的员工甚至给出了具体的实施建议，也有员工发出了自愿放弃奖金与公司共渡难关的倡议。

唐明伟十分欣慰，他感慨地说：“以前，我只觉得掌声才能够带来凝聚力。现在，我明白跟员工一起共渡难关更能产生凝聚力，主人翁精神更容易出来。”

刷新 企业文化是核心竞争力

唐明伟知道，对于一个不到150人的小公司来说，北锋公司不可能像华为、阿里巴巴一样大力推进企业文化建设。但是，北锋公司从创立之初就有了自己独特的文化，而且这种文化从一开始就对北锋公司各个方面产生了深远的影响。

企业文化对于一个企业的成长来说，看起来无关紧要，却是最持久的决定因素。资金的多少、技术的高低及优质的产品、完善的服务和精明的决策，往往依托于企业深厚的文化底蕴。

至于北锋公司的企业文化建设情况，2019年年底，赵晓园曾代表人力资源部向公司高层领导做过一次汇报。那次汇报一开始，赵晓园讲了两个故事，唐明伟印象非常深刻。

《西游记》的故事

当年，唐僧师徒经过九九八十一难到达西天如来佛祖面前时，孙悟空并不想讨得什么封赏或成为什么佛，而是请求观音菩萨念念那“松箍咒”，将他头上的金箍取下。

观音菩萨说：金箍已经自动消失了。孙悟空一摸，果然没有了。

为什么孙悟空头上的金箍自动消失了？这是因为孙悟空在去西天取经的路上，反复受到“制度”的约束。最后，他对佛家的思想理念、行为规范已经习惯了，并且将那些理念、规范变成了自己的行动指南，从思想上接受了佛家的价值理念，使得自己的行为无须什么别的外在约束就完全符合佛家核心价值观的要求。所以，金箍自然也就不存在了。

怀孕选手跑完“全马”

某届上海国际马拉松比赛谢幕后，官方数据显示完赛率为95.06%。特别值得一提的是一位怀孕8个月的女选手，她是40岁的资深跑者。她2010年开始跑步，其时已经完成了62个“全马”，上海马拉松是她怀孕以来跑完的第三个“全马”。她说：跑步真的会上瘾，一天不跑浑身痒痒，只有跑步方能化解身体的不适和心中的焦虑。那么，是什么支撑跑步者们持之以恒地跑步呢？除了身体上的“不适”（经常跑步的人说停下来就会浑身不舒服），更重要的原因应该是“马拉松精神”（挑战自我、超越极限、永不放弃的精神）已经融入其内心并时刻在其行动中体现。

“马拉松精神”放到企业中，就是企业文化。企业如果有强有力的文化，不但能牵引着全体员工坚持做同一件事情，而且大家都能“身心愉快”。

赵晓园指出，如果说企业经营活动受价值规律导向，这个价值规律是“看不见的手”，那么，企业文化也是“看不见的手”，企业文化对企业经营活动的导向和影响的作用更持久、更深远、更根深蒂固。

那么，企业文化到底是什么呢？企业文化是指企业在长期的经营活动中形成的被全体成员普遍认可和遵循的具有本组织特色的价值观念、团体意识、行为规范和思维模式的总和。因此，赵晓园认为以下这 3 点最为重要。①文化的核心是核心价值观，本质是行为习惯。只有员工的行为是正向的，企业才能实现目标。企业文化可以通过干预员工的想法，“塑造”员工的行为，随风潜入“业”。在制度和理性无法到达之处，文化却能深入人心、凝聚成力。②强烈的企业文化能增加行为的一致性。从这个意义上讲，强烈的企业文化起着替代规范化的作用。组织中高度的规范化创造可预见性、秩序和连贯性。规范化和文化是到达同一目的的不同途径。③企业文化越强烈，越需要较少的管理与规章制度的指导或约束员工的行为。当员工接受企业文化，那些规章制度将被内化在员工的行为中。

埃德加·沙因谈文化的本质

麻省理工学院企业文化与组织心理学领域的教授埃德加·沙因是全球公认的企业文化研究领域的泰斗。他对企业文化有一个定义，可以用3句话来概括。

第一句话，企业文化是企业特定的思维和行为模式，这是企业文化的本质特征。

第二句话，这个范式是怎么来的呢？它是由企业特定的文化群体（企业家、企业家群体、创始人群体）在过去企业的发展过程中发明、发现和发展出来的。

第三句话，企业为什么会发展出来这种行为模式呢？因为这种模式对于处理外部的适应问题和内部的聚合问题效果非常好。所以，它被组织认可并提炼出来传授给新员工并（成为）新员工理解、思考和感受相同问题的正确方法。

企业文化不等同于企业文化生活或文体娱乐活动，这些概念千万别混淆。有些企业往往把企业举行的各种体育比赛、文艺晚会、旅游、郊外活动（如烧烤、踏青、植树等）等误认是企业文化的全部，这就大错特错了。另外，企业文化是与企业同步发展、相生相长的，并不是游离于企业外的、可有可无的“点缀品”或“装饰品”。同样，企业文化也并不是一成不变的！相反，企业文化是在不断变动、更新的。此外，企业文化并不是只能在内部产生影响的，是可以由内而外扩散的，会对外部的合作伙伴（如制造商、供应商、经销商）、公众媒体、社会大众、客户等产生影响。

接下来，赵晓园列举了一大段哈佛商学院教授约翰·科特关于企业文化的观点。

约翰·科特：企业文化的五大功能

企业文化对企业长期经营业绩有着重大的作用。企业文化对企业员工的价值取向和行为方式有非常强的导向和支配作用，主要体现在以下5个方面。

1. 导向功能。企业的各部门和企业每一名员工既有相同的目标，也存在不同的目标，企业文化就是在一面旗帜下统一整个企业和全体员工的行动方向，使大家深化共同利益和目标。与此同时，整个企业也会被引向特别的领域，引到一个特定的方向。

2. 约束功能。通过建立共同的价值体系，形成统一的思想和行为，对企业中每一位员工的思想和行为都具有约束和规范作用，使企业全体员工协调行为、自我控制。例如，有的商贸公司对员工的仪表、工作用语、销售手段都有严格的规定。

3. 凝聚功能。使企业各方面的力量凝聚起来，同舟共济。企业的所有成员，既有共同的利益，也有不同的利益，但企业文化使大家认清共同的利益大于自己的利益。

4. 统一语言。企业文化形成的共同语言，为全体员工创造了和谐的工作环境。许多人就是为了这个共同语言，放弃了到其他不熟悉的企业谋求更高职位的机会。

5. 辐射功能。树立良好的企业形象，对社会公众会产生巨大的影响，构成社会文化的一部分，如可口可乐、好莱坞、麦当劳是构成美国生活方式和美国文化的一部分。

赵晓园认为，现在很多企业对企业文化建设趋之若鹜，从根本上讲就是因为企业文化能通过以下3个方面来为企业创造价值。

1. 企业文化可以减少员工单独处理信息的要求，使员工的活动集中于特定范围之中，减少决策成本，同时可以大大降低经营活动中的不确定性。

2. 企业文化补充了企业正式的行政控制体系，减少了内部实施监督的成本。

3. 企业文化弱化了企业内个人偏好的倾向。

赵晓园直言不讳地将北锋公司的企业文化建设分成两个阶段，如表 1–1 所示。

表 1–1　　北锋公司企业文化建设的两个阶段

第一个阶段	第二个阶段
无意识期（2008—2010 年）	**忽视期（2010—2019 年）**
北锋公司刚创业的那几年，虽然觉得企业文化特别重要，却没有系统地做文化建设。但是，还是能够感受到员工特别有激情、特别有朝气。公司初创，发展速度快，没有在文化价值观上做条条框框的约束及流程机制建设，但整个公司的战斗力依然特别强。这一阶段，不管是员工的精神面貌还是解决问题的能力等方面都比较好。这个阶段尽管没有在文化上有系统的建设动作，但已经形成了独特的文化。因为公司人少，业务简单，每一个人都是创始人招聘进来的，通过创始人的言传身教、以身作则，就把文化建立起来了	北锋公司进入快速发展期后，产品越来越多，部门越来越多，业务范围越来越广。在这个阶段，对企业文化建设只停留在口头重视上，并没有实质地进行系统建设。因为公司业务快速发展和业务复杂度提高，招聘了各种不同背景的人才。但是，没有统一的人才标准，不同的价值观、理念百花齐放、相互碰撞。自然，公司的运营效率开始下降，员工的工作激情和进步的速度大不如以前

赵晓园甚至将 2010 年以来的 10 年（现任董事长高文明 2010 年出任第二任总经理；2018 年，原董事长退休，高文明转任董事长一职、唐明伟接任第三任总经理）称之为北锋公司企业文化“失去的 10 年”。这话让高文明与唐明伟多多少少有点下不来台。

当然，赵晓园也知道唐明伟 2018 年接任总经理的时候，北锋公司已经有 150 多人了，部门众多，多地办公，业务范围也由全国拓展到海外。到了这个阶段，已经不能够再依靠创始人言传身教了，而是应该有意识、有系统地进行企业文化建设。但是，北锋公司的3位创始人是师生关系，都是技术人员出身，总是有意无意忽略了企业文化建设。唐明伟本想深度梳理、提炼北锋公司的核心价值观，对过去的成功方法进行总结，找到过去成功或失败的基因，但最终也没有坚持下来。

那次汇报会上，赵晓园讲完两个故事及上述的观点后又引用了IBM董事长小沃森的一句名言。

小沃森的名言

一个组织与其他组织相比较取得何等成就，主要取决于它的基本哲学、精神和内在动力，这些比技术水平、经济资源及组织机构、革新和选择时机等重要得多。

接着，赵晓园说："企业核心能力可以分为战略管理能力、组织管理能力、技术研发能力、生产制造能力、市场营销能力和客户服务能力等6个方面。企业核心能力就是企业能力中最核心、最根本的部分，它是一种能将各种竞争力要素进行整合的能力。"

李步青补充说："现在的企业都认识到只有培育、塑造企业核心能力，才能够保持长期的竞争优势。企业可以依赖占有的某项资源在特定时期获取成功，但不会永远成功。一旦丧失这项资源，企业马上就会出现危机。王选在总结北大方正的成败时曾认为，因为过去北大方正的技术优势太强大了，导致长期忽视了管理；没有了管理，技术优势最后也逐渐消耗殆尽，随后的人事权力之争更是严重影响了企业的正常发展。"

赵晓园接过李步青的话茬，说："是的！决定企业能力的要素有企业拥有的资源（产品、技术或服务等）、企业现行的流程（企业将资源转化为增值的产品或服务的方式）、企业的核心价值观（员工共同的信念、期望）等。企业能力是逐级递升的，只有当递升到流程和核心价值观时，企业的核心能力才有可能建立起来。企业的核心能力应该是由企业的核心流程和企业文化（核心价值观）构成的，并且核心价值观要优于流程。”

“历史、文化背景是经过一段时间后由经验和知识慢慢积累而成的，所以具有独创性。但是，这种核心能力是需要企业经过漫长的建设过程才能得到的，而且这一过程并无捷径可寻。竞争对手要想拥有这种能力需要耗费相当长的时间并花费高昂的代价，所以很难被复制、模仿。毫无疑问，这就是为什么现在很多企业都在学华为、学阿里巴巴，但没有哪家企业真正学到位、学到家的原因。

“企业文化的创建和变革为现代企业参与竞争开辟了新的领域，成为企业竞争制胜的重要武器。管理专家巴尼指出，如果企业文化能符合以下 3 个条件，它将成为企业持续竞争力的来源。

“1. 企业文化必须是有价值的。也就是说，企业文化可以引导出企业的低成本与高利润。

“2. 企业文化必须是稀有的，而且与其他企业特别是竞争对手的企业文化有所差别。

“3. 企业文化必须是不可模仿的。”

赵晓园最后的一张 PPT 清晰地写着，“大量的实证研究发现，企业文化与企业绩效存在相关关系：强大的企业文化如果与企业的环境或战略相符时，共同的信条使上下的沟通更加便捷、决策的制订更加有效，共享的价值观同样有利于协作，这些都会提高企业的效率”。

正是赵晓园那次犯颜直陈、不给现任董事长与现任总经理面子的汇报，让唐明伟不得不重新审视并重视北锋公司的企业文化建设。

2月2日（农历正月初九），北锋公司正式成立了“两化”项目组，唐明伟担任组长，伍次友担任副组长，下辖几个小组，李步青担任人才与企业文化转型小组的小组长。自然，人才队伍特别是干部队伍能力的升级与转型、企业文化的转型这两项关乎“两化”项目成败的任务责无旁贷地落在了李步青的肩上，人力资源部的经理助理兼组织发展专员赵晓园与培训专员邹琴也被李步青拉入这个小组中。

作为北锋公司人力资源常年咨询顾问的SZ咨询公司的总经理杨景与企业文化咨询顾问查晓丹被北锋公司人才与企业文化转型小组聘请为外部顾问。

北锋公司人才与企业文化转型小组（以下简称五人小组）的成立，标志着一场决定北锋公司未来发展的企业文化刷新战斗正式打响了！

第二章

企业文化转型的时机与思路

刷新 转型节点

杨景与查晓丹两位顾问接到任务后，迅速地查看了北锋公司的相关背景资料，特别是其“两化”战略。

杨景多年顾问的经验提醒自己，北锋公司这次企业文化的刷新绝对不是简单地进行企业文化的修正或适应，而应该定性为再造或转型。

企业文化刷新（更新）的 4 种类型

重新定义——重新定义是一种预料之中的、间断式的变革，这些变革是建立在以往的积累和历史的基础上的。比如，华为长期以来一直有“以奋斗者为本”的文化，由于早期管理体系不完善，加之客户对产品的需求量大，华为的员工在创业时期经常通宵达旦的工作，新员工报到后的第一件事就是到公司的小卖部买床垫子，逐渐演变成华为的“床垫文化”。1997 年之前，这种文化在华为非常流行。但是，2000 年之后的华为员工基本抛弃了床垫子的加班功能，华为加大了对加班加点的约束，员工需要加班，必须得到批准。华为的“以奋斗者为本”的企业文化没有变化，但解读方式变了。

修正——需要随着外部环境变化而实施改变行动时进行的渐进式微调。这种类型的刷新是为了使企业和环境匹配得更好而进行的调整或修正。

适应——适应性的变化是渐进的，这类变化往往是针对其他组织变革的反应、对标其他企业的变化和反应，为了适应社会、环境、市场的变化而进行的文化刷新。

转型——发生了使得企业以往的实践和方向完全分离的非常重要的变革，或者企业出现了一些严重的问题，比如经营不善、员工整体士气不佳、执行不力等内部问题，原来的文化已经无法满足企业成长的要求了，需要对文化进行再造或转型。

杨景清楚地知道，企业文化转型是因为企业生存、发展的客观条件发生了根本性的变化，企业原有的文化难以适应企业经营发展的需要。当一家企业面临以下 3 种情形，就应该启动企业文化转型。

第一种情形：外部环境发生根本变化。

技术革命、消费者时代的到来、“00 后”即将成为职场主体等因素让企业赖以生存的外部环境发生了根本性变化，企业成功的因素也大不同以往，因此，企业必须进行大的战略调整，必须进行颠覆性创新，企业文化也须随之进行刷新——再造或转型。

华为的企业文化转型时机

“狼性文化”在华为创立之初就被作为一种企业文化在内部进行宣扬，而华为的初期也因为“狼性文化”取得了巨大成功。但是，随着华为的国际化步伐越走越远，华为发现“狼性文化”在国外并不被普遍认可。发现了这个问题后，任正非选择果断求变。任正非一直在用实际行动终结“狼性文化”的生存土壤并与国际接轨，遵循大多数人所认同的价值理念。

第二种情形：企业进入成长、成熟、衰退节点。

每家企业从初创开始，都会经历成长、成熟、衰退几个阶段。当企业发展到每个阶段性节点时，有必要根据现实情况的变化对企业进行优化，这也需要从文化入手。

京东的企业文化转型时机

2008年，电子商务行业风起云涌，当年中国网民规模达到2.56亿人，跃居世界第一。在所有的互联网应用程序中，购物应用程序的使用率为25%，用户人数达到6329万人，网购市场日渐成熟。京东正是凭借这个“风口”，以每年200%以上的速度发展，惊人的增长速度背后是“粗放型”的管理：2011年，京东的营业收入增长146.17%，运营成本却增长了207.95%；2012年，京东的营业收入增长了95.85%，运营成本增长为112.60%。于是，2012年，一个名为“打造卓越企业文化”的变革项目在京东展开。

2013年，京东的使命、愿景、价值观都发生了改变。使命从“让购物变得更简单”变成了“让生活变得更简单”，愿景变成了“成为全球最值得信赖的企业”。

时任京东CHO隆雨认为：“京东的文化价值观早已根深蒂固，之所以梳理京东的文化价值观，是为了未来京东能够更好地站在国际舞台上，实现京东的梦想——做世界的京东。既然如此，我们需要用一种全世界都能听懂的语言描述京东的企业文化，新版京东的使命、愿景、价值观便随之诞生。”

Dynegy 公司的文化自救

美国休斯敦电力巨头 Dynegy 公司濒临破产，新任 CEO 鲍勃试图通过改变企业文化来挽救公司。

首先，鲍勃放弃了舒适的 CEO 办公室和价值 15000 美元的大理石办公桌，以及昂贵的手工地毯；然后，他在仓库一样的大办公室里给自己安排了一个小隔间，与总部 235 名员工一起办公。

接着，鲍勃走访各个工厂，培养“文化冠军”，并且恢复每年的业绩报告，这些措施都是为了加强组织协作。

鲍勃还专门挂起一块小牌子，提醒人们“专注于此刻”，而不是同时处理多件事情，并且禁止员工在会议期间使用智能手机。鲍勃说：“我想向他们灌输一种必胜的精神。”利用 CEO 的身份，他将文化变革传达到组织结构的最底层。

变革后，Dynegy 公司的人员流动率从 2011 年的 8% 下降到 2012 年的 5.8%。鲍勃说：“大家慢慢开始相信公司是可以翻身的，尽管公司收入仍在大幅减少。”

第三种情形：企业高层变动。

企业高层对企业文化的影响非常大。企业创立之初及以后的一段时间内，企业文化是由企业的创始人和最初的少数员工决定的。这个时期，每个人都能够理解这种文化且愿意接受这种文化。但是，当企业高层发生变动，企业文化也会随之变化。

施乐公司的企业文化刷新

1961—1968 年，施乐公司的 CEO 是约瑟夫·威尔森，他是那种进取心很强、富有创新精神的企业家。他预见到了公司会因其 914 型复印机而停滞不前，尽管当时这种复印机在美国历史上处于空前畅销状态。在约瑟夫·威尔森的领导下，施乐公司的组织环境充满了创新气氛，创立了一种非正式的、洋溢着友谊与忠诚、富有创新精神、无所拘束、鼓励冒险的企业文化。

约瑟夫·威尔森的继任者是彼德·迈高文，他是哈佛的 MBA，具有正统的管理风格。他在施乐公司建立了官僚式控制体系，改变了施乐公司的企业文化。到他 1982 年下台的时候，施乐公司已变得臃肿不堪，规章制度繁多，监督管理人员层叠。

彼德·迈高文之后的总裁是戴维·克恩斯。他上任之后认为企业文化阻碍了施乐公司的竞争能力。他大力精简机构，裁减了 15000 多个工作岗位，下放了决策权，把企业文化重新定位到一个简单的主题上：提高施乐公司产品与服务的质量。即便如此努力，他 1990 年退休时，施乐公司仍然存在不少问题。复印机行业已经发展到顶点，而施乐公司在开发计算机办公系统方面又处于劣势。

戴维·克恩斯的继任者保罗·埃莱尔也在尽力重塑企业文化。具体来说，他以全球性营销部门为中心，对施乐公司进行了重组，把产品开发部门与制造部门合并在一起；聘用外部人员取代了一半的公司高管。他的目的是把施乐公司的企业文化重新塑造成为重视创新与竞争的文化。

很明显，北锋公司的外部环境已经发生了根本性的变化，理由有三，分述如下。

第一，数字时代的到来。数字时代是一个速度制胜的时代，因为云计算、物联网、人工智能、大数据等新技术的日新月异，以及市场与用户和营商环境的变化，要求企业只能以变应变、以快打快，企业必须具有很强的创新能力，具备对用户与市场做出敏捷反应的能力，企业内部的组织、流程、机制与人才也必须足够灵活、足够敏捷，这一切的背后必须要有强调灵活、敏捷、创新的企业文化。

第二，“95后”“00后”成为职场主体，他们是完全不同于“70后”“80后”的职场“新物种”，这不但要求企业的管理模式应该转变，更重要的是企业管理者的领导风格及企业文化氛围必须转型。

第三，新冠肺炎疫情让纯线下业务的北锋公司举步维艰。

因此，北锋公司急需顺应外部环境的变化进行战略转型，而战略能不能成功转型的关键在于员工（首先是各级管理者）的思维模式与行为习惯的转变，也就是企业文化的转型。

杨景特意寄给李步青一部由微软现任CEO纳德拉所著的《刷新：重新发现商业与未来》图书，因为这部图书讲述了微软战略转型且同时进行文化刷新的案例。赵晓园赶紧从网店又买了一本。

微软逆袭，一靠战略转型、二靠文化刷新

李步青与赵晓园拿到了《刷新：重新发现商业与未来》之后都一口气将之读完，收获良多，也在很多问题上与杨景达成了共识。

从《刷新：重新发现商业与未来》一书中，李步青与赵晓园得知：2020年的微软市值高达12740亿美元，连续5年稳居全球企业市值

前三名，也成为全球第二家市值过万亿美元的高科技公司。然而，在2014年纳德拉接任CEO之前，微软却遭遇严峻的“窘境”，俨然成为衰落的PC时代巨头代表之一，对移动互联网的反应迟缓。不过，这一切从2014年纳德拉接任微软CEO开始改变。他上任后几年，微软开始在云计算、智能终端、移动应用程序等领域奋起直追。

1. 战略转型。纳德拉认为，微软想重新崛起，就不能再将Windows视作企业战略的核心引擎，必须放弃对存量市场的执念，抛弃对过往辉煌的眷恋。他希望将Windows视作一种触达更多用户的手段，而非目的。比如，他宣布对9英寸以下的智能移动设备免收Windows授权使用费；当新的Windows 10版本发布时，允许用户在一定的时限内免费升级。更出乎意料的是：原来搭载在Windows上的软件拆解出来作为一个个独立应用程序来到“竞争对手”的平台上——用微软的软件“武装”iPhone、“武装”iPad。

Windows完成了角色切换之后，微软的第二曲线“微软云”以混合云为突破口，与亚马逊展开差异化竞争，业务收入以每季度90%以上的速度迅猛增长。

2. 刷新文化。纳德拉直言，战略转型并非他作为微软CEO的第一要务，CEO是首席执行官，更是文化执行官。纳德拉认为，文化的背后是思维方式，刷新文化就是要刷新决定文化背后的思维系统。

在Windows一统天下的PC时代，微软自己就是行业本身，长期坐享无风险的垄断利润。纳德拉上任时，微软已蜕化成一个臃肿的庞大官僚系统。举个例子，微软曾经的考核机制是员工总要分个高下——只有少部分员工能升职加薪。在这种畸形制度影响下，员工总想着如何赢过队友。纳德拉上任后，加速了之前形成的“One Microsoft”的企业文化。比如，公司以团队成功而非个人成绩作为评判标准，这大幅度激励了员工之间的协作。但是，他也知道：“One Microsoft”想真正变成现实，必须唤起员工的底层驱动力。他并没选择看似高效的“激将法”——通过树立敌人的强大，增进自身团队的凝聚力，而是通过重新定义企业愿景，用使命感实现自我激励的目标。

比尔·盖茨创立微软时，企业愿景是“让每个家庭及每张办公桌上都有一台电脑”。今天，微软的新愿景是“赋能地球上的每个人和每家组织，帮助他们取得更多成就”。

纳德拉带领团队花费大量时间和心思，在公司内部凝聚共识。他在员工工牌后面和纸杯上都印上微软的使命宣言。这样在开会的时候，大家的态度和意愿互相分享，沟通的气氛都与以前不一样了。

短短几年，这种看似很“虚”的超越狭隘自我的感召力唤起了员工最真实的行动力。

纳德拉认为，微软原来的文化是固化、死板的，每一名员工都需要向其他人证明自己无所不知、无所不能，证明自己是屋子里最聪明的人，不能出一点差错。为什么你会老说自己聪明？是因为害怕，不相信自己能进步，所以必须证明自己聪明、确保自己聪明。因此，刷新微软文化需要从固定型思维进化到成长型思维。

刷新 转型总体思路

杨景对李步青说：“文化转型总体来说分 3 步。第一步先要进行文化诊断，评估目前的文化与公司‘两化’战略的匹配度；第二步是要基于新的外部环境、新的战略进行文化再定位；第三步才是设计文化转型的可行方案，接着通过员工沟通、绩效管理、培训等步骤形成新的企业文化。一步一步来，有计划地进行。”

五人小组很快拿出了北锋公司的企业文化转型总体思路与具体计划，如图 2-1 所示。

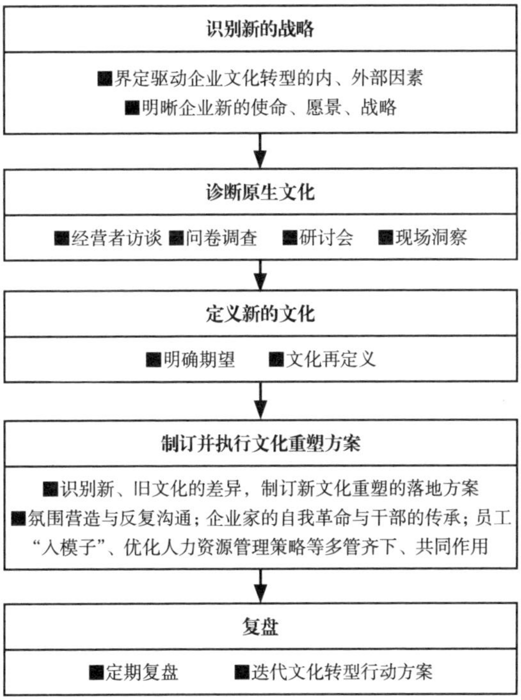

图 2-1　北锋公司企业文化转型总体思路与计划

北锋公司企业文化转型具体可以分成五大步骤。

第一步，识别新的战略——为什么要转型？

客户需求、科学技术、市场竞争、全球化、突发事件、企业合并等可以引起企业战略甚至是企业使命与愿景发生变化，而企业使命、愿景、战略的变化会对企业文化提出新的挑战。因此，企业文化转型的第一步就是识别新的企业战略，以及新的企业使命与愿景。

第二步，诊断原生文化——我们在哪儿？

诊断原生文化就是要了解企业面临选择时的信念、观念，或者说是“潜意识”。

在进行企业文化变革之前，必须首先通过问卷调查、研讨会、经营者访谈等多种方式收集资料，还原原生文化。然后，再基于新的企业战略来诊断、评估现有企业文化是否与之匹配、能否促进新的企业战略实施，即搞清楚“我们在哪儿”的问题。

第三步，定义新的文化——我们要去哪儿？

弄清了“我们在哪儿”的问题后，就要确定“我们要去哪儿”的答案。新的企业文化首先应结合企业战略并遵循企业的愿景、使命，而且必须与推动企业战略实施的管理工具在文化上保持趋同状态。

明确了“我们在哪儿”和“我们要去哪儿”的问题后，就要判断现状与目标之间的差距。在这一阶段中，要非常重视通过讨论沟通确认新、旧两种企业文化的不同，进而明确当前与未来期望的员工行为表现的不同，以确保新文化与企业战略的协同性和员工对其的理解和认同；同时，通过差距分析，大致了解未来企业文化转型中可能遇到的阻力与动力及应该采取的策略。

第四步，制订并执行文化重塑的行动方案——怎么去？

通过新、旧两种企业文化的对比，结合企业的未来发展前景，我们可以判断并确定旧文化与新文化之间的不同，在此基础上制订相应的文化重塑行动方案。

企业文化转型的主要目的在于改变员工的思维模式与行为习惯，新文化的培育需要通过改变人力资源管理策略去影响并形成所期望的员工行为。例如，企业家的自我革命与管理团队的传承，员工“入模子”、优化绩效与激励制度等多管齐下、共同作用，从而推动员工行为的转变；也可以从诸如氛围营造与反复沟通，以及改变权限体系与决策流程、信息沟通流程等的再设计去营造员工共同的行事方式，实现企业文化重塑的目的。

第五步，复盘——做得怎么样？

在实施企业文化重塑的整个过程中，五人小组需要特别关注来自于企业内部员工和外部客户的反馈意见，并且据此修正、完善企业文化转型总体方案。充分运用有效的举措来巩固企业文化转型的成果。

第三章

还原原生文化

刷新 尽早确定价值观

明确总体思路与计划之后，五人小组开了一个语音会议。会上，杨景说：“一个企业的基因看不见也摸不着。企业要成长，要保持竞争力，要基业长青，就一定要有自己的文化基因。在创业过程中，随着企业规模的不断壮大，创始人需要对文化有所布局，培养有着共同价值观的同行者，使团队目标一致、更有凝聚力。因此，越早开始思考企业文化，就会为未来的发展打下更加坚实的基础。企业文化不分企业大小，小企业也需要进行企业文化建设。”

赵晓园在群里回复：“杨老师说得对。”

接下来，杨景话锋一转，说：“很多企业由于种种原因，并没有刻意进行企业文化培育，但不等于这些企业没有企业文化。企业创始人自身独特的特质不但会成为企业竞争力的源泉，而且也会成为企业的文化基因之源。”

李步青心领神会，他接过杨景的话茬：“因此，我们北锋公司的文化转型项目第一步就是要还原北锋公司原生态的文化！”

赵晓园赞叹不已：“还原！不是创造！妙啊！每个企业都有其独特的文化，只不过有的企业经过系统的梳理与提炼，形成了文本，而我们北锋公司没有提炼，没有形成文本，所以只是还原。”

查晓丹接过话茬：“是的！还原！任何一个企业都是从三五个人起步的。企业初创，企业创始人的模范言行就是员工学习的榜样；员工越来越多之后就需要拿出一个成文的价值观让员工学习，用这个成文的价值观来同化每一位员工，从而协调、统一企业的所有行动。所以，企业在成长过程中要尽早确定自己的价值观，越早越好。试想一下，如果没有大家都认同的价值观，一大群不同背景的人在一起会怎么样呢？”

赵晓园回应："企业的确是靠不断推出更好、更新的产品制胜市场，但仔细想一下，产品是靠技术支撑的，技术是由人掌握的，人又靠什么支撑呢？靠信念。所以说，企业的成败是基于人的理念。我们要赶紧'补课'了。"

查晓丹接着说："当然，明确了自己的价值观不代表着可以一劳永逸，也不意味着就可以一成不变了，这是因为企业生存的社会和经济环境在不断变化，企业的价值观也需要不断发展。例如，英特尔的价值观一开始是 3 个，后来发展为 6 个，最近又对 6 个价值观进行了重新定义。阿里巴巴的核心价值观也是一变再变。通过这样的调整，企业才能始终在市场中保持正确的航向。"

杨景补充说："企业发展道路越走越远之后，无论做老业务增长还是创新业务，或者很多年轻人进来、高管进来，都需要新的文化匹配企业的发展。这个时候，我们都需要文化的发展迭代。"然后，杨景举了阿里巴巴的例子。

阿里巴巴的文化迭代

阿里巴巴从亏钱到赚钱，再到 100 亿元市值，然后，市值一路高歌猛进：100 亿美元、1000 亿美元、5000 多亿美元……每一次大的跃迁背后都有阿里巴巴文化的迭代。

阿里巴巴的第一版文化叫"独孤九剑"，就是生存文化。

阿里巴巴做到市值100亿美元的时候，企业文化是"六脉神剑"。"六脉神剑"的文化就是创业的文化，杀伐果断、跑马圈地。阿里巴巴市值做到了 1000 亿美元的时候，企业文化又有了"九阳真经"。"九阳真经"是典型的发展型文化。2005 年、2006 年，阿里巴巴来了很多新高管，这些高管后来都没有留下来，因为他们没有办法适应阿里巴巴的老文化。阿里巴巴的老人也不会干新业务，做新业务需要有新文化匹配。举个例子，阿里巴巴的 B2B 业务是销售的文化，阿里巴巴的淘宝是创新文化，支付宝背后是金融文化，都是不一样的。成长出不同的业务，就需要不同的文化匹配。所以，文化要发展、要迭代。阿里巴巴的市值到了 5000 多亿美元的时候，又有了新的一版文化，叫“新六脉神剑”，里面有很多人文关怀的内容。

李步青调侃：“我们都要补两门功课了！一门功课是原生文化，还有一门功课是发展型文化。也就是说，文化要迭代。”

赵晓园对查晓丹说：“我们还是先补还原原生文化这门功课吧！查顾问，我们怎么个还原法呢？”

查晓丹在微信群里贴了一张图，然后对大家说：“还原原生文化一般有 4 种方法，经营者访谈、现场洞察、问卷调查、研讨会。”

“1. 经营者访谈包括企业创始人访谈、主要经营者访谈，主要有 4 种访谈方法。

“① 成败因素分析法，通过与企业创始人、经营者的访谈，挖掘企业过去成功和失败的历史，寻找驱动因素，从而还原、提炼核心价值观。

“② 3C 选择法，询问企业过去面临的冲突和困境，彼时，企业做了哪些选择？为什么会做那些选择，选择背后的动机是什么？从背后的动机挖掘企业价值观。

“③ 隐喻法，提问题——如果把企业比作一种动物（植物）或颜色，会是什么？为什么？隐喻背后的理由可能就是企业潜在的价值观。

“④ 价值分层法，访谈话题围绕人（客户或员工）、事（产品）的价值展开，运用词频分析法，提炼企业认同的价值观。

“2. 现场洞察就是实时观察企业环境，包括办公桌及员工穿着和开会方式、决策方式等信息，据此归纳总结企业价值观。

“3. 问卷调查一般有 3 种工具可选。

“① 企业文化变量诊断表，如珍妮弗·查特曼的企业文化剖面图、丹尼尔·丹尼森的丹尼森企业文化模型（详见附录一）。它们有既定的企业文化模型，通过问卷的形式让员工打分，生成测量结果，帮助企业了解现在文化的优势和不足。

“② 对立价值观量表，如克拉克洪－斯托特柏克构架文化诊断（如图 3–1 所示）、霍夫斯坦德文化模型、霍夫斯坦德文化维度理论。对模型既定的价值维度的变化进行判定，形成锯齿型连线，分析企业文化的现状。

价值	评价			事实
与环境的关系	控制	和谐	屈从	
时间取向	过去	现在	未来	
人的本质	善	混合	恶	
活动取向	成就	体验	控制自己	
责任中心	个体	群体	等级	
空间概念	隐私	混合	公开	

图 3–1　克拉克洪 – 斯托特柏克构架文化诊断

“③ 企业文化评价量表（Organizational Culture Assessment Instrument，简称 OCAI）。OCAI 是美国密歇根大学商学院的罗伯特·E. 奎因教授和凯斯西部保留地大学商学院金·S. 卡梅隆教授在长期研究企业文化的基础上开发出来的测量企业文化的量表，目的是研究企业文化和企业有效性之间的关系。该模型将企业文化分为 4 种类型：宗教型、活力型、层级型、市场型。OCAI 从领导特征、领导风格、员工管理、企业凝聚、战略重点和成功准则等 6 个方面的判据来评价企业文化。对于某一特定企业来说，它在某一时点上的企业文化是 4 种类型文化的混合体，通过 OCAI 测量后形成一个剖面图，以此分析、判断企业在 4 种价值模式中的偏重度，由此得出企业文化的特征。

"④ 企业自定义问卷（详见附录二）。通过经营者访谈，可以得到很多信息，可以用员工感知和员工认同两个维度进行诊断。利用人口变量、员工认同数据和员工感知数据，生成企业文化自评分研究，还原核心价值观。

"4. 研讨会是最后一步，通过前面 3 种或者几种方式会收集来大量有关企业使命、目标（愿景）、核心价值观的信息，通过研讨会集成前面的信息做最后的综合工作，集成所有的信息。"

李步青问杨景："杨老师，我们运用什么方式比较好些？从哪里入手呢？"

杨景回答："经营者访谈，主要从创始人入手！每个人都有自己的价值观，这指的是我们认为什么重要、什么不重要，热衷、喜欢什么和坚决抵制什么，几乎每一项决定的背后都是价值观在驱动。本质上，价值观就是一个人无数的信念的集成。"

"信念的集成？"赵晓园第一次听到这种说法。

杨景接着说："是的，价值观的背后是思维模式，也就是信念。那么，信念又是什么呢？信念就是对假设的相信。比如，你相信天道酬勤，大概是不太会认同轻轻松松取得成功的；再如，你相信只有永恒的利益、没有永恒的朋友，你大概很难交到真正知心的朋友。这些观点本身没有对错之分，但因为你信什么就会形成什么样的人生轨迹、取得什么样的成就。所以，我们常说'性格决定命运'，而性格背后就是信念和价值观。人为什么会形成各种不同的信念和价值观呢？这是因为成长环境、原生家庭影响、老师的教育、差异化的人生经历的不同造成的。"

李步青问：“您这是讲的个人的价值观，那么，企业的价值观呢？”

“企业是由一群人组成的，大家所共同遵从的信念就是企业的价值观，企业的价值观一部分是大家各自与生俱来的，另外一部分是企业的经营过程中通过形成共同假设而慢慢建立的，而创始人或创始人团队通过自己的喜好（背后就是信念组成的价值观）招募更多的人才进行商业运作，这群人身上是有共同的信念的。所以，我们经常会说企业主文化就是企业文化，企业主或创始团队的认知和价值观形成了企业文化的雏形。”

扎克伯格还原 Facebook 文化

查晓丹接过话茬：“杨老师讲得对。企业文化的形成跟企业的创始人是分不开的，创始人通过聘用和留住那些与自己想法和感受一致的员工并把自己的思维方式和感受灌输给他们，以及通过创始人团队的行为鼓励员工认同这些信念、价值观并内化为员工自己的想法和感受。这样一来，当企业获得成功时，创始人的人格特点就会根植于企业文化之中。”

邹琴问了一个具体问题：“我们到底应该怎么做呢？”

查晓丹于是讲了扎克伯格是如何还原 Facebook 核心价值观的案例。

“2008 年，Facebook 处于创业早期，400 名员工服务着 8000 万名用户。忙碌的工作让他们没空去想企业文化。

“随着公司规模不断扩大，不仅需要对外讲好 Facebook 的企业故事，还需要做好企业内部的文化认同。为此，他们当时准备从下面两个问题入手来建设企业文化。

“1. 公司发展壮大之后，我们想成为什么样的公司？

“2. 我们怎样对外描述在 Facebook 工作的体验？

“自此，这两个问题成了打造 Facebook 文化的起点，也使得这个文化始终忠实于 Facebook 的早期定位，并且在其快速成长的同时让员工获得了保证创造力旺盛的动力。

“那么，如何帮助创始人更快地找到企业文化定位呢？

“第一步，通过创始人自我认知来定义企业文化。

“企业文化是由创始人的形象建立起来的，80% 的企业文化是根据创始人定义的。所以，当创始人想要定义企业文化时，首先要认清自我。如果创始人很有竞争精神，那么，企业将会更加上进求胜。如果创始人善于分析、驾驭数据，那么，企业也会倾向于在理性之上做出决策。如果创始人是个深思熟虑的人，企业可能会发展相对滞缓。如果创始人是个很好的设计者，这会很好地引导企业的产品开发。

“我们可以通过提出一些问题，与创始人进行一次关于自我认知的练习，如表 3–1 所示，这可以帮助企业找到自己的‘DNA’，这些问题能够引导创始人定义企业文化。

表 3–1　创始人定义企业文化问题清单

问题	说明
我的优势是什么	创始人自身独特的特质会成为增强企业竞争力的优势。越早思考、发现自己的与众不同之处，无论是态度还是技巧，你就能越早地利用这些品质，形成你的商业观念。同样地，当你考虑招聘新员工的时候，思考一下你如何形容自己的好友，这会对你找到一个合适的员工有很大的帮助。是什么让你周围的人都如此优秀？如何在陌生人身上发现优秀品质？哪类人会把你“逼疯”？列举你不擅长的事情是思考企业文化和决定招聘的核心出发点。如果你觉得自己不擅长管理，那么，你应该招聘一个擅长管理的人来帮助你
我做什么比较出色	
是什么让我区别于身边的其他人	
我一般用什么来衡量、评估身边的人	
观察我的朋友，他们的共同特点是什么	
拥有什么样品质性格的人会把我“逼疯”	
我如何做出最好的决策	
我不擅长什么	

“除了创始人，早期员工也是不错的访谈对象，把他们召集在一起并分成小组，问他们一个问题——‘当你谈论公司时，通常会用到哪些词’。

“第二步，将描述企业特质的词转换成故事。

“通过创如人的自我认知与早期员工的访谈，你得到了一堆形容企业个性的形容词，如擅长什么、不擅长什么，以及哪里需要改变等。然后，再花几分钟写出一个个小故事，这些故事会回答如下的问题。你代表什么；你想要媒体平台在两年之内怎样描述你们的企业，描述你们什么样的企业文化；你想听到他人讨论你们的企业与众不同，是什么样的不同呢……把这些问题的答案写出来。当然，不要重复所有企业都在讲的事情，尽量避免诸如‘创新’‘影响力’这样的字眼。只有当你乐意冒险时，你才能写出独特的故事。故事不用太长，几句话或者一段话都可以。但是，要讲清楚企业要做什么、绝对不做什么。”

讲完了 Facebook 的故事之后，查晓丹总结：“企业文化需要创业的时候就去考虑——你想要建立一个怎样的公司、你想要团队里的人如何相处？无论现在想做什么，花个几分钟开始自我认知的练习，然后写出你的故事，在下一轮融资之前、一年之内或你思考企业文化的时候，重新审视这个故事，准备好升级文化，就像升级产品那样。企业文化不是一成不变的，作为创始人，你塑造了企业文化，但你也必须不断发展它、刷新它。企业发展的过程必然会有很多机遇，会促进文化刷新。”

接着，查晓丹讲了一个从早期员工身上还原企业价值观的具体流程：“当然，也可以从早期员工身上着手。在企业十几年甚至几十年的发展历程中，一定会沉淀一些支撑员工思想的理念和精神。这些理念和精神包含在企业创业和发展的过程之中，隐藏在一些关键事件之中。把隐藏在这些事件中的精神和理念提炼出来并进行加工整理，就会发现真正支撑企业发展的深层次精神和理念，这就是企业的精神和理念。”

按照查晓丹讲的这个从早期员工身上还原企业价值观的流程，需要

5 步才能达到目的。

第一步，从企业内找 10 位从创业至今全过程都参与的员工，让他们每人讲 3 个故事：在这几十年的创业历程中，你认为对企业发展影响最重要的一件事情是什么；你最难忘的一件事情是什么；你最感动的一件事情是什么。然后，让每名员工再列举一个个人典型：你认为对企业贡献最大的是谁；这个人最宝贵的精神是什么；你从他身上受到最大的启发是什么。由专人把每个人讲的故事记录好。

第二步，把重复率最高的故事整理出来，进行初步加工，形成完整的故事。

第三步，找 10 个刚来企业一年左右的员工，把整理好的故事讲给他们听。然后，向他们提问：这个故事你听说过没有；听了之后，你最深的感受是什么；哪个情节最感动、最难忘；这个故事体现了一种什么精神；用什么词来表达你的感受。把他们的答案记录下来。

第四步，把专家和企业领导集中封闭起来，对上述记录的内容进行研究、加工，从中提炼出使用率最高的代表企业理念和精神的词。这些词经过加工，就形成了企业精神或理念。

第五步，按照提炼出来的反映企业精神或理念的核心词，重新改编故事，在尊重历史的前提下进行文学创作，写出集中反映核心词的企业自己的故事。假如提炼出“拼搏”一词，“拼搏”就用一个甚至几个故事进行诠释。

刷新 两步，只需两步

2 月 24 日（周一）下午，一场线上研讨会开始了，五人小组主持，邀请北锋公司的 3 位创始人（老董事长、高文明、唐明伟）和伍次友 4 人与会。会议目标是还原出北锋公司现有的核心价值观（也就是原生文化），整个在线研讨分两步进行。

第一步，请与会的 4 位“嘉宾”分别总结北锋公司之所以取得今天的成功，是因为整个团队拥有哪些关键的特质或关键的品质。每个人至少写 30 个原因（可以多，但不能少），然后传给下一位“嘉宾”阅读，要求下一位“嘉宾”划掉自己不同意的部分。全部传阅完毕后，总结出所有人都同意的最重要的 6 个原因。

第二步，基于上述步骤提炼出来的最重要的 6 个特质或品质，让与会“嘉宾”回忆，之所以大家认同这些特质或品质是因为曾经什么人在什么时间做过什么事情。比如，所有人都认为“激情”是大家身上的共有品质，那么，必须用故事印证它。

杨景告诉大家：故事是有灵魂的证据，以此来形成企业的价值观手册。很多时候，你不用告诉员工要做什么，而是要告诉他们我们曾经做过什么。

在整个研讨过程中，杨景反复地强调：“我们在还原原生文化时，关键步骤是把握创始人自己真正相信的东西，而不是抓住其他企业或业内标杆企业视为核心价值观的东西，也不是外在社会认为应该是理念的东西。”

通过以上两个步骤，五人小组拿到了两个文本：核心价值观、核心价值观故事集。五人小组对文字进行整理、润色之后，把这两个文本贴在北锋公司 OA 系统中的“心声社区”上，供全体员工讨论并公开征求意见。经过“三上三下”、三易其稿，以及唐明伟等人的 5 次修订，基本定稿。

第四章

新战略需要新文化

刷新 生存环境决定企业文化

3 月初，随着北锋公司“两化”战略文本的正式出台，唐明伟在计划财务部与人力资源部等部门的配合下，迅速将战略化成一图（战略地图）、一卡（平衡计分卡）、一表（公司级 KPI 与 2020—2022 年的 3 年滚动目标），抽象的、纯文字的“两化”战略立刻变成了全体员工可以看得懂、讲得明、可执行的目标。

3 月 16 日，星期一，杨景在五人小组微信群里对大家说：“企业文化说到底是由所处的生存环境决定的。如果生存环境发生变化，而企业文化不做出调整，那么，是很难生存下来的。”接下来，杨景讲了小米的案例。

小米为什么能赢

小米是全球最年轻的世界 500 强企业，从成立到成为世界 500 强，小米只用了 9 年。

有很多人认为，小米之所以有今天的成就，主要是在于其商业模式，尤其是营销手段上有很多“毁三观”的做法，这个因素固然不假，但真正决定性的力量是雷军在组织形式和企业文化上做了不少出格的事情：没有 KPI、管理层很少、不开会（甚至做出的决策都不发邮件）。

第一，小米没有 KPI。这在传统企业看来是很不可思议的，即使是互联网行业也没有哪家企业是不做绩效评估的。

第二，管理层很少。小米的企业架构是七八个合伙人下面分别有个主管，管理着七八个小组，然后就是普通员工。不管你原先在别的企业做总监还是经理，在小米都是工程师，级别都一样。表现好就加薪，但没有晋升一说。也就是说，他们的管理异常扁平化，把职能拆得很细。这也对合伙人的能力提出很高的要求，因为这意味着他们要管的事情很多。目前看来，他们几个合伙人都还顶得住。

第三，不开会，甚至做出的决策都不发邮件。有什么事情就在米聊群里解决，连报销都在米聊群里截个图就可以了。

有人就问雷军："之前在金山的时候，不是一样有那么多管理者、一样开会、一样做绩效管理吗？怎么到了小米就变了呢？"

雷军回答："因为时代变了。以前在金山，一年才更新一次版本；现在的 MIUI 一个星期就得升级一次，这两个速度是完全不在一个级别上的。"

相比工业时代，数字时代最大的改变就是速度发生了变化。第一，在工业时代，你还可以慢慢做一件事情，有了好产品再发布出去。但是，如今你的产品两三个月不被人接受，可能就"死掉"了。第二，数字时代的生产者和用户之间的界限被打通了，现在有一种新的说法叫"先进用户引导型创新"。这意味着企业要更贴近用户，不是从上往下，也不是平行关系，而是融为一体。过去的工程师都是闭门造车，小米的企业文化是工程师必须面对用户，必须在微博、论坛及线下等渠道与用户沟通。小米把管理员工的权力从管理者身上转移到用户身上。

赵晓园对杨景说："听您这么一说，我懂了。时代变了，生存环境变了。所以，企业文化也要刷新。"

查晓丹在五人小组微信群里贴了一张图（如图 4–1 所示）后对大家说："文化有三大关键要素，生存结构、思维方式和遮蔽效应。生存结构是文化得以产生与发展的第一基础。随着时间的推移，生存结构一定是变化的。当一个文化产生并发展时，这个文化所承载的思维方式也就慢慢确定了。比如，我们是依靠市场的激烈竞争生存下来的，很有可能我们形成的就是‘狼性’文化；我们是依靠创新技术活下来的，很有可能我们形成的就是人才至上的工程师文化；如果我们是依靠提升效率、降低成本在红海竞争中脱颖而出，那我们可能形成的就是执行和制度导向的文化。但是，一旦外部环境发生重大变化，企业文化所代表的原有的成功经验就可能失效。所以，经验是要跟环境相匹配的。如果不匹配，原有的成功套路有可能成为失败的陷阱。”

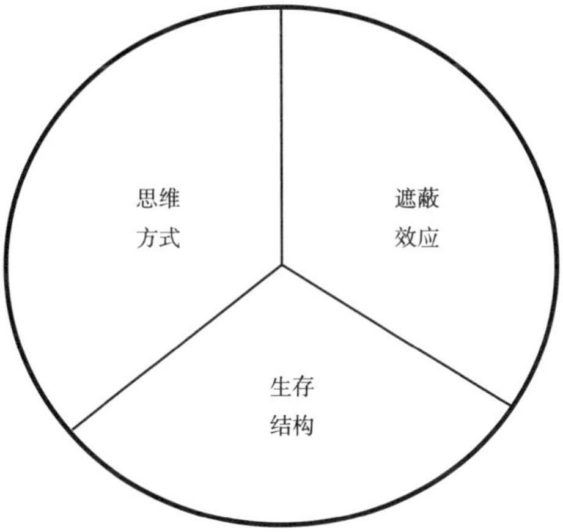

图 4-1　文化三要素

看到图 4-1 中“遮蔽效应”4 个字，赵晓园便没管住自己强烈的求知欲，赶紧向两位顾问请教。

查晓丹告诉赵晓园：“任何一种文化或一种思维方式、行为习惯都有其局限性。任何文化里都存在着负面的因素，就像一个人的优点有时也往往正是他的缺点一样，刚强自信可能刚愎自用，沉着缜密可能优柔寡断。这种局限性、这种负面因素，我们称之为‘遮蔽效应’。”

查晓丹又以百度为例讲清楚了企业文化的副作用。

百度绩效导向文化的副作用

百度早年是互联网行业的龙头企业，但在最近几年被阿里巴巴和腾讯超越，甚至市值落后于美团和拼多多。在腾讯有了微信和财付通、阿里巴巴有了蚂蚁金服和天猫之后，百度依然没在产品与产品之间形成强而有效的联动；强绩效导向的企业文化也给百度带来了负面的影响。李彦宏在企业内省后表示："因为从管理层到员工对短期KPI的追逐，我们的价值观被挤压变形了，业绩增长凌驾于用户体验，简单经营替代了简单可依赖，我们与用户渐行渐远！"

杨景也加入了讨论，他说："企业文化本质上是一种思维和行为模式，但是，这种思维和行为模式是由过去历史上的成功经验演变而来的，最后变成员工习惯性的思维和行为的模式。当企业遇到外部适应或内部结合等方面的问题时，有一套成熟的套路或模式，这就是企业的文化。它是用历史上的成功经验来指导企业未来的发展。"

李步青回应："是的。"

杨景接着说："企业文化一定是在历史上形成的，它的目的在于按照这个套路指导企业继续走向未来、继续成功。但是，企业文化发挥作用是有条件的，即企业的生存环境保持基本稳定。一旦外部环境发生重大变化，企业文化所代表的原有的成功经验就可能失效。所以，经验是要跟环境相匹配的。如果不匹配，原有的成功套路有可能成为失败的陷阱。"

赵晓园发问："失效了？那为何会失效？"

杨景回答："企业文化为什么会失效？我们用个例子来说明一下。美国密歇根大学的一名教授做了一个蜜蜂和苍蝇的实验，形象地展示了原有的成功方式在环境发生变化的时候是如何失效的。他把 6 只蜜蜂和 6 只苍蝇放进同一个玻璃瓶子里，然后把瓶口打开，瓶底对着光亮之处，瓶口对着黑暗之处。蜜蜂的行为方式是喜欢往有光亮的地方飞，在蜜蜂的意识里有光亮的地方就是出口；而苍蝇的行为方式是无规则的、到处乱撞的。正常情况下，蜜蜂会比苍蝇率先找到出口。几天以后，教授发现，6 只苍蝇已无影踪，它们成功找到了出口；而 6 只蜜蜂却困死在朝着光亮的瓶底旁，到死它们都以为出口就在瓶底的方向。企业文化的作用也是这样，当环境发生变化的时候，如果你还坚持原来的企业文化，那这种企业文化就会成为陷阱，把企业引上歧途，甚至是不归路。"

李步青问："遇上这种情况，互联网企业会不会好点呢？"

杨景作为商业顾问，最近几年经常与很多中小型互联网企业的企业主交流，他对大家说："不见得。他们企业的各项数据都挺好，但他们极其焦虑。在数字时代，他们同样也找不到感觉、找不到落脚点，因为他们的组织形式和企业文化也已经不适应数字时代了。在原有的体系内，用原来的人、原来的组织形式做一件不同的事情，成功的概率是很低的。"

刷新　不改变文化，新战略难以顺利实施

杨景接着说："日本企业历来很重视企业文化，对于日本企业而言，企业文化是其与欧美企业抗衡的重要武器之一，但从 20 世纪 80 年代起，日本经济泡沫的破灭及后来的亚洲金融危机使日本经济遭受重创，日本企业的市场竞争力也在下降，由此引发日本企业对其固有企业文化的反思。日本企业的文化精髓之一就是'充分信任'，以终身雇佣和年功序

列为基本特征的用人制度应该说是非常严格的，员工须经过多年的努力才能逐步跨越晋升的台阶。因此，为避免被企业冷落，员工在工作中小心翼翼、胆战心惊，员工一般对企业忠心耿耿。但是，这种企业在培养富有创造性和想象力的、年轻的经营人才方面不会有什么作为。”

李步青在五人小组微信群里回应：“对，这个我多少知道一点。”

杨景赶紧“刹”住话，让李步青继续说下去。作为一个商业顾问与企业文化教练，让客户多思考、多说话、多动手是杨景的一贯做法。

李步青接着说：“相反，美国企业的文化则是鼓励创新和冒险、支持风险资本投资、允许失败。近年来，美国经济发展得益于那些以反应敏锐、创新能力与开发能力强大的美国知识型企业（如微软、谷歌、亚马逊、苹果和Facebook等科技公司）的快速成长。由此可见，企业文化对企业竞争力的影响有多深远。因此，企业文化应该时常刷新，不同的外部环境、不同的企业战略，需要不同的企业文化。”

李步青说完，五人小组微信群里“鲜花”与“掌声”一片。

邹琴也不甘示弱，搬出了杰克·韦尔奇的一句话。她告诉大家，杰克·韦尔奇是这样说的：你要让列车每小时再快10千米，只需增加一马力的动力；若想要列车速度增加一倍，就得更换铁轨了。资产重组可以一时提高生产力，但若没有文化上的改变，就无法维持高生产力的发展。

接着，邹琴以GE为例，讲了GE的企业文化建设：GE历经120多年长盛不衰，创造了全球跨国公司的奇迹，其成功在很大程度上得益于企业文化的刷新。GE的企业文化包含了企业参与竞争必须具有的基本价值理念，带有明显的前瞻性，内涵丰富而深刻，能够深入全体员工心中，形成管理理念，实实在在表现了“以人为本”的思想。

还有IBM和微软，前者强调尊重个人、追求完美、客户至上，后者则强调个性张扬、求新、速度、结果。这是两种截然不同的企业文化，它们在配合各自企业发展战略方面都是很成功的。

李步青接过邹琴的话茬："是的！企业战略、组织结构与企业文化三者之间必须保持高度一致，如果没有良好的配合，组织的绩效与生产效率就无法有效提升，尤其是传统的、机械式的组织系统将员工'关'在组织的框架中，会阻碍员工发展。而动态的、有机式的组织系统能让员工跳出组织的框架，消除组织与员工个人的隔阂，增强员工对组织的认同感。CEO 应该设法了解企业现在的文化，拿这个文化与驱动企业战略所需要的文化相比较。如果两者不一致，企业就需要进行一些努力来重塑新的文化。同时，CEO 也必须想一想，企业的文化是否符合外部环境的需要，以让组织绩效达到最高？当组织面临的竞争环境改变时，文化与行动也必须随之而改变。"

然后，李步青举了一个例子，他说："某家航空公司的 CEO 提出一个强调服务的新承诺。然而，只有员工知道并对服务改进时才能支持这个承诺。后来，该航空公司对旅客做了一项调查却表明，大多数人没有注意到其服务方面的任何改变。那么，该航空公司的服务策略改变了吗？答案是不言而喻的——没有。"

赵晓园也发言了："比如，企业提出'创新'的企业文化，那么，就必须在价值观、制度、思维等方面着力打造，确保营造一个支持创新的环境。如果企业说自己是一个创新型组织，但内部的文化却是否定失败、打压失败、处罚失败，这样的思维与行为之下，企业所期望理想的战略是很难实现的。这就是文化的根本性作用所在，匹配了，文化形成助力；不匹配，形成阻力。"

杨景接过话茬："两位说的对。我们知道，企业文化会对所有员工的行为产生强有力的影响，所以，它对企业改变战略方向的能力有强大的作用。一个企业拥有某种强势文化时，其战略实施后一旦与这种强势文化相对立，则会导致战略的失败，因为企业文化常常会维持现有行为方式及其联系而强力抵制变革。但是，一种理想的、文化与战略一致的企业文化会为企业战略与使命提供最好的支持。也就是说，文化应追随战略，企业文化与企业战略应该一致，战略的重大变化应该有相应的企业文化调整来匹配。”

查晓丹在五人小组微信群里贴了一张表（如表 4–1 所示），示意大家认真看一看。

表 4–1　　企业战略与企业文化的一致性评估

问题	状态	对策
① 企业战略与企业文化是否一致	如果是	高速前进，将企业战略与企业文化捆绑起来，让文化更好地助推战略
	如果不是	就问下面的问题
② 能否很容易调整企业文化，使企业文化与企业战略一致	如果是	导入文化变革，如招聘与企业战略观念一致的新管理人员、新文化的培训发展活动等
	如果不是	就问下面的问题
③ 管理层是否愿意且能够进行较大的企业文化变革与组织变革，并且接受时间上的延误与可能增加的成本	如果是	建立一个新单元来实施战略
	如果不是	就问下面的问题
④ 管理层是否仍然愿意实施企业战略	如果是	就与一个合资（合作）伙伴签订合同，共同执行企业战略
	如果不是	改变企业战略

资料来源：亨格、惠伦合著，王毅、应瑛译，《战略管理精要》（2 版）。

接着，查晓丹说：“现实中，有太多的企业持有的核心价值观与战略不相匹配。例如，郭士纳之前的 IBM 的 CEO 的重振计划没有取得太大的成功原因之一就是——虽然他的战略是希望组织变得更有活力，但其核心价值观体系却仍抱住官僚主义不放。再如，某公司决定追求低成本战略，如果缺乏成本意识且不能很好地完成低成本战略，繁忙的公司总部仍旧会是楼下豪车成堆、楼上大量的秘书人员被压得喘不过气来。”

接着，查晓丹又在五人小组微信群里贴了一张图（如图 4–2 所示），对大家说：“我们现在画一张矩阵图来说明如果企业的核心价值观与战略不匹配会给企业的战略执行带来多么可怕的后果。如果企业的战略没有得到执行或很好地执行，你可能就要看企业战略与企业所坚持的核心价值观是否自相矛盾——如果是的话就要改变核心价值观，以消除矛盾。”

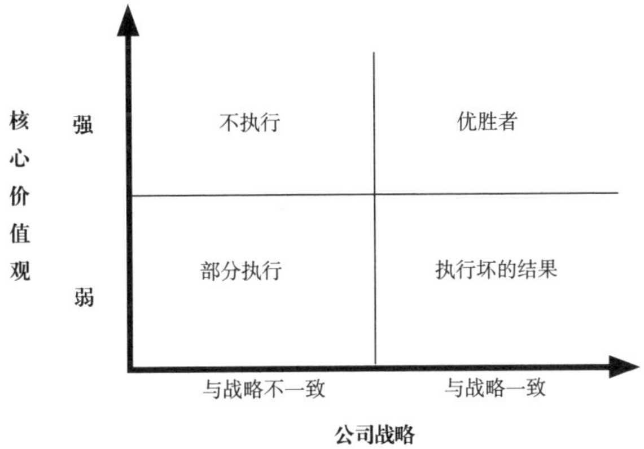

图 4–2　文化与战略匹配矩阵

华为的价值主张演变之路

接着，查晓丹讲了华为的案例。她说：“下面，我们来看看 30 多年来华为的核心价值观是如何演变的（见图 4–3）。”

“第一阶段，野蛮生长期（1987—1996 年）。

“华为在第一阶段的发展中沉淀了很多东西，也逐渐有了文化的基因。但是，这个阶段的华为与很多企业一样，还没有一个系统的核心价值主张体系，也没有规范的企业文化文本。这一阶段，华为采用的是竞争型企业愿景，就是要‘超英赶美’，因为每个行业都有霸主。

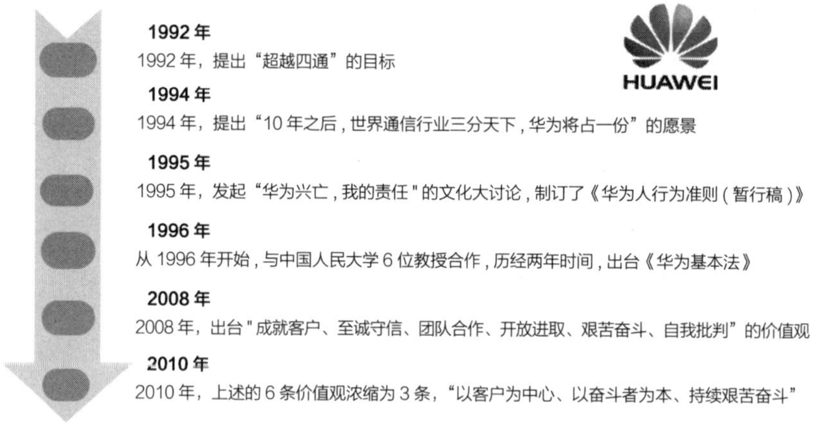

图 4-3　华为的核心价值观演变

“这一阶段，华为的使命是什么呢？‘产业报国，科教兴国’，家国情怀，把国家的命运和企业的命运紧紧联系在一起。

“1992 年，华为提出的目标是‘超越四通’。当时，华为的年销售额是 1 亿多元。当时的四通是中国高科技企业的代表。

“1994 年，华为提出‘10 年之后，世界通信行业三分天下，华为将占一份’的愿景，很朴素，也很有感染力。

“总体来看，华为这一阶段的使命是零散的，也没有逻辑关系，但很有感染力。这一阶段后期，华为开始关注企业文建设。如 1995 年，华为开展‘华为兴亡，我的责任’的企业文化大讨论，推出了《华为人行为准则（暂行稿）》。另外，华为也提出了一些价值主张型的口号。比如，‘板凳要坐十年冷’‘胜则举杯相庆，败则拼死相救’‘烧不死的鸟是凤凰’……

“第二阶段，理性成长期（1996—2005 年，《华为基本法》时代）。

“华为的理性成长期实际上是指华为的价值主张进入了理性思考阶段。在这个阶段，华为开始思考自己的系统文化；也是在这个阶段，华为的《华为基本法》的确立标志着华为的企业文化从感性走向了理性，由‘摸着石头过河’走向了系统的顶层设计。

“《华为基本法》的出台经过了3年，意味着华为完成了对其企业文化的系统思考。《华为基本法》是一个里程碑，它构建了华为企业文化的基本假设系统。《华为基本法》是比较超前的，如果从管理学角度来讲，更多的是一个假设体系，这也符合埃德加·沙因的定义——企业文化是由一系列假设构成的，所以，《华为基本法》是一个假设体系。

“任正非在1997年的《华为基本法》审定会上说，‘《华为基本法》通过之时就是《华为基本法》作废之时’。什么意思？说的是《华为基本法》已经深入人心，融到华为员工脑子里了，文本已经不重要了，因为已经前前后后讨论了3年，改了8稿，开了无数次会。而且，每周周六上午集中学习《华为基本法》；每年春节放假前，华为企业内刊《华为人报》都会把最新的《华为基本法》的文稿登在报纸上；任正非给各级管理者布置的‘年终作业’就是回家学习《华为基本法》，回来时交学习体会。折腾了3年，《华为基本法》一些基本的东西已经深入人心了。

“第三阶段，全球化时期（2005—2011年）。

“在这个阶段，华为由国际化向全球化迈进，这个过程是很艰难的。《华为基本法》带有浓重的中国特色，甚至带有浓重的大学学者特色。从某种意义上说，《华为基本法》已经不合时宜了。

“当华为走向国际化之后，华为开始力争把企业文化做得更规范一些、更国际化一些。为了使华为的核心价值主张与国际接轨，进入国际语言体系，华为做了几件典型的事情。

“第一件事情，2005年，华为换标识。华为过去的标识是红太阳、11根线，一轮红日喷薄而起；现在的标识变成了红菊花、8条线，色彩更丰富。

“第二件事情，重新界定了愿景、使命和战略。愿景，丰富人们的沟通和生活。欧美企业都将愿景放在前面，华为这次跟国际接轨，将愿景放到了使命之前。使命分为两个部分，① 华为的追求是实现客户的梦想；② 聚焦客户关注的挑战和压力，提供有竞争力的通信解决方案和服务，持续为客户创造最大价值。和愿景、使命同时推出来的是华为的四大战略。

"你会发现，从《华为基本法》到华为新的愿景、使命和战略的推出，出现最多的一个词就是'客户'。

"愿景中的'人们'是客户，使命中强调的是客户，战略中强调的还是客户，而《华为基本法》用得最多的词是'我们'。'我们'是以自我为出发点的，由'我们'变成'客户'，这是一个重大转变。华为过去都在讲，我们要干什么，我们怎么做，我们主张什么，我们坚持什么；然后，华为由'我们'转向'客户'。这个价值主张，尽管用词看起来很简单，但这是思考基点的转变，使得华为的出发点和立足点都发生了转变。

"任正非有个观点——重要的事情不着急。2008 年，华为成立公司核心价值观整理工作小组，方案提请 EMT 审议批准，形成了 2008 年的讨论稿——6 条，挂在华为内网的'核心价值观讨论'板块向全体员工征求意见。2017 年，9 年过去了，这 6 条核心价值观讨论稿内容还挂在华为内网上征求大家的意见，还在讨论，没有定稿。

"从 2005 年换标到 2008 年，用了 3 年时间，华为形成了一个比较完整的文化体系，这个文化体系由 4 个方面的内容组成：愿景、使命、战略和核心价值观，几百个字。华为用了 3 年的时间来折腾愿景、使命和战略、核心价值观，至今还在持续。由此可见，企业文化是一个系统工程和持久工程。

"第四阶段，组织变革期（2010 年至今）。

"2017 年，华为成立 30 周年之际，任正非发表了 8 篇文章，从 8 个方面对华为 30 周年的成败得失做了总结。任正非系统的 8 篇文章讲话，既是华为成立 30 周年的纪念文章，也标志着任正非完成了他对华为文化在新时期的思考。

“2010 年，任正非发表了《以客户为中心，以奋斗者为本，长期坚持艰苦奋斗是我们的胜利之本》这篇文章，提出了华为新的核心价值主张。

“2013 年，华为成了通信制造业的‘老大’，今天又进入了‘无人区’。这时候，组织容易出问题，如惰怠、‘傲娇’、自我感觉良好、安于现状、不思进取等。在这样的背景下，华为进入组织变革期。这个阶段，华为的核心主张主要面向组织优化、组织能力提升和组织效率提升等方面。

“在这个阶段，实际上是 3 句话，‘以客户为中心’是方向，‘以奋斗者为本’是导向，‘长期坚持艰苦奋斗’是长期的价值主张。这 3 句话兼顾了内部和外部——内部是奋斗者，外部是客户；兼顾了过程与结果——奋斗是过程，客户是结果；兼顾了短期和长期——‘以客户为中心，以奋斗者为本’是短期，‘长期坚持艰苦奋斗’是长期；兼顾了付出与回报——付出为客户，‘以奋斗者为本’是回报。

“在这一阶段，华为的企业文化加入了一些生动活泼的要素，使华为的价值主张不再那么高冷。”

第五章

重新定义企业文化

刷新 定义使命

2 月 24 日，一场线上研讨会开始了，五人小组主持，北锋公司全体中高层管理人员参加。会议分为上午、下午两个部分。上午的议程是“面向未来形成新的使命”，李步青主持研讨会，他首先介绍了整个研讨会的议程（如表 5-1 所示）。

表 5-1　企业文化在线研讨会议程

步骤	议程	时长
第一步	听取总经理唐明伟介绍还原的北锋公司价值观及价值观故事集	30 分钟
第二步	听取杨景老师主题演讲《如何设计公司使命》	30 分钟
	董事长主持研讨未来我们要去向何方（愿景）。我们的使命是什么，并且形成共识	60 分钟
第三步	探讨要实现新愿景、达成新使命、实施新战略，现有的价值观有哪些优势、存在哪些不足。要求每个人就优势与不足各写 5 条，合并同类项后研讨决定	60 分钟
第四步	听取杨景老师讲解《新战略、新文化》	30 分钟
	总经理唐明伟组织大家研讨实施新战略需要大家具有怎样的品质。要求每个人写下 20 条，写好后交给下一位同事划掉不同意的，传阅完后，总结出所有人都同意的最后 6 条	60 分钟
第五步	总经理唐明伟根据第四步研讨出来的 6 个核心价值观关键词，探讨每一个关键词对应的行为准则。要求每个人各写 6 条，汇总后研讨决定	60 分钟

然后，李步青兴奋地说：“通过这 5 步，能输出三大内容——新的愿景、使命、核心价值观及价值观行为准则。以后，我们再补充价值观故事集、‘高压线’制度，就形成完整的北锋公司企业文化文本了。”

查晓丹对李步青这个说法高度赞赏："是企业文化文本，而不是企业文化。真是一个务实的人力资源经理。"

唐明伟介绍完经还原的价值观及价值观故事集之后，接下来的时间由杨景开始做主题演讲《如何设计公司使命》。

杨景一开场就搬出唐明伟尊崇的前GE董事长兼CEO杰克·韦尔奇，他说："杰克·韦尔奇曾执掌GE20年，公司市值从120亿美元增至4100亿美元。在杰克·韦尔奇的管理哲学中，使命与价值观是一家企业能赢的基础。"

"2001年，曾在GE工作多年的关明生加入阿里巴巴，与马云、蔡崇信、彭蕾等合伙人一起提炼出阿里巴巴第一版的价值观'独孤九剑'，并且创造出一套极具特色的考核办法。自此，愿景、使命、价值观就成为驱动阿里巴巴不断前进的动力。

"关于使命，百度百科上是这样定义的，使命是指对自身和社会发展做出的承诺、公司存在的理由和依据，是组织存在的原因。通俗地说，使命就是一个企业存在的目的和理由。北锋公司的使命就是要回答'北锋公司为什么存在'这个问题。

"我们先看看阿里巴巴的使命是什么？'让天下没有难做的生意'，这个目的和理由非常清晰。但是，仅仅描述一个企业存在的目的和理由，就是使命吗？使命的背后是什么？是企业的社会价值，是能满足客户的需求。通过满足客户的需求，实现企业的社会价值。阿里巴巴的使命'让天下没有难做的生意'，其实是在满足中小企业的需求。中小企业的痛点是——如何低成本、方便的做生意。阿里巴巴的使命背后的意义是——如何帮助中小企业更好地做生意。当阿里巴巴不断以中小企业为中心，思考如何满足它们的需求，帮助它们更便利、更有效地做生意，就会赢得客户。这样的使命为阿里巴巴指明了方向，让最初没有明确商业模式的阿里巴巴能在迷茫中坚持下去；在阿里巴巴生死攸关的时候，使命让其始终坚持正确的方向，不跑偏。当阿里巴巴之后找到自己的盈利模式，就会迅速发展壮大。所以，当我们考虑企业使命的时候，不仅是从自身角度考虑存在的意义，而是需要考虑——作为企业，我们为客户创造了什么样的价值，能满足客户什么样的需求，这才是一个企业真正存在的理由和意义，这才是真正的使命。

“清晰的使命，不仅是从企业角度探讨存在的目的和意义，更要能看到所创造的价值，以及所满足的需求。例如，腾讯——科技向善；迪士尼——让世界幸福；微软——赋能地球上的每个人和每家组织，帮助他们取得更多成就……这些使命，没有华丽的辞藻，也没有豪言壮语，但让人感受到向上的力量，以及对社会的意义和价值。

“AT&T——要让美国的每个家庭和每间办公室都安上电话（20 世纪 20 年代），福特——汽车要进入家庭，奇虎 360——让网民安全上网，这些使命都非常清晰，背后的需求及社会价值也非常清楚。这些清晰的使命帮助这些企业迅速做大、做强。

“美国制药巨头默克公司，其信条是‘我们做的是保存和改善生命的事业，所有行动都有必须以能否圆满地实现这个目标为衡量标准’。作为一家医药企业，以‘保存和改善生命’为使命，既高尚又实在，很容易得到员工的认同并将其转变为实际行动。有了这个基本的信条，信誉、质量、科技、创新均包含其中，成为整个企业的信仰与核心价值观。默克公司贡献于对抗疾病、解除痛苦和协助大家，这是正义的事业，是可以激励人们献身其中的伟大事业。

“其实，使命不是拍脑袋想出来的，也不是花重金请几家知名的设计公司或咨询公司设计出来的，使命的背后是企业家对于社会责任的认识，更是对于客户及其需求的理解。使命的背后，体现的是企业的高层对于未来的方向感。”

杨景对大家说：“优秀的企业使命，可以从以下 3 个维度考量。”

“第一个维度，基于对世界和服务客户的美好期待，阐述企业价值主张。

“企业使命能够清晰阐述企业存在的价值和服务目标。优秀的企业使命，不仅是基于组织现有能力来设定的，还可以基于对世界及服务人群的美好期待而设定，以具有更高的价值和意义。例如，一家企业的使命是‘我们制造轮胎’，而另一家企业的使命是‘我们的轮胎，让人们的驾驶更安全、更高效’，后者表达了对客户更美好的期待，不只停留在生意层面，而是上升到了企业的价值意义。

“第二个维度，为可实现的路径提供清晰发展方向。

“优秀的企业使命是不断进化的，有可实现的路径，可为企业提供清晰的发展方向。一旦有了进化路径，使命会让企业的每一位员工‘不待扬鞭自奋蹄’——他们知道只要按这个方向走，早晚会到达目标。例如，一家企业的使命是‘让 ×× 人都能吃上食物’，这样说会让人觉得太缥缈，不知该如何实现。而好的愿景应该是有路径可循的，如将这家企业的使命定义为‘我们要让 ×× 人在沙漠里种植粮食作物’，这样的使命就相当于搭了一个梯子，帮助企业抵达更高、更远的地方。因此，企业使命有两层意义，既要勾画美好的未来激励大家，也要指明实现使命的路径。

“第三个维度，企业内核的显性体现，维护企业稳定的核心力量。

“企业使命本质上是企业内核的显性体现，是企业里能够将一群人的内心联结在一起的核心力量；能在企业快速扩张中帮助企业实现内部稳定的目标，完成一个又一个飞跃。例如，阿里巴巴每年都会引进各种各样的人才，但其使命感都稳稳维护着企业内部的稳定，将越来越多的人凝聚在一起。

“为了帮助企业寻找使命，美国研究企业使命的专家蒂姆·凯利列出了一份问题清单（如表 5–2 所示），将这些问题的答案连成一句话，企业使命就跃然纸上了。

表 5-2　　蒂姆·凯利帮助企业找到使命的七大问题

序号	问题
1	哪些事情，员工做起来最得心应手
2	企业对重要客户的影响是什么；对于那些忠实的客户，哪些企业价值对他们产生了深刻的影响
3	企业最吸引员工的是什么
4	如果企业有无限的资源，那么，最重要、最有意义的是什么
5	未来 100 年，企业最希望得到的成果是什么
6	企业善于解决社会、环境和全球性问题吗
7	企业的哪些行为能让员工感到最自豪

“蒂姆·凯利认为，寻找企业使命最好的方式是先尝试、后总结。企业的核心团队一起‘打过仗’，再去寻找企业使命，这种使命会更扎实、更清晰。所以，是先践行了使命，再找到使命！”

最后，杨景告诉大家，接下来为了能从战略角度明确企业的使命，请董事长组织大家系统的思考与回答下列 5 个问题。

1. 客户：谁是公司的客户？
2. 产品与服务：公司主要提供的产品或服务是什么？
3. 提供的价值：公司为客户及股东提供的主要价值是什么？
4. 市场：公司在哪一个行业或目标市场中经营？
5. 核心能力：什么是公司自豪的独特能力？

刷新 腾讯、阿里巴巴升级价值观，究竟为哪般

“优秀的企业都是能够随着环境的变化进行文化刷新或升级的。”这是 2 月 24 日下午杨景半小时主题演讲《新战略、新文化》的开场白。

随后，杨景重点讲解了腾讯、阿里巴巴 2019 年升级核心价值观的案例。

“2019 年的‘双 11’全民购物狂欢节，也是腾讯成立 21 周年的纪念日。腾讯正式公布了新的使命，用户为本，科技向善。短短 8 个字，却极富内涵。

“‘用户为本’，同华为的‘以客户为中心’、海尔的‘用户至上’理念不约而同，对应着‘用户’。说白了，这是衣食父母，是‘利’的来源，谁不将其放在企业信条的首位谁就是失败的企业。由先前的‘一切以用户价值为依归’缩短为‘用户为本’，更精炼、更有力。

“‘科技向善’，这个表达比较有意思，取代了‘成为最受尊敬的互联网企业’这一过时的说法。注意，它不是‘科技为善’或‘科技有善’，而是‘向善’。向是顺向，‘向善’即‘趋于善’‘近于善’，既照顾到了企业盈利的首要诉求，又兼顾了腾讯讲求‘责任’的情怀。这也同谷歌先前坚持的‘不做恶’一样，也有助于解围腾讯旗下产品群之娱乐游戏产品持续大卖却饱受诟病的困扰。腾讯的新价值观也同时新鲜‘出炉’，将先前的‘正直、进取、合作、创新’改为‘正直、进取、协作、创造’。照样是 4 个双字词语、8 个字，但‘合作’升级为‘协作’，重在‘开放协同，持续进化’；将‘创新’升级为‘创造’，强调‘超越创新，探索未来’。

“无独有偶。2019 年 9 月 10 日，在阿里巴巴成立 20 周年之际，阿里巴巴将自己实施多年的‘六脉神剑’价值观升级为‘新六脉神剑’价值观并对外公布。

“最新发布的‘新六脉神剑’，修订工作从 2018 年 8 月便正式启动了，涵盖阿里巴巴全球各事业群，从基层员工到合伙人，上上下下，反复打磨，历时一年有余。

“如图 5–1 所示，阿里巴巴这次文化升级有传承也有变化。

“价值观里传承了 3 条。第一条就是‘客户第一’，它在原有的‘客户第一’的基础上增加了‘员工第二，股东第三’。第二条是诚信，与改后的‘因为信任，所以简单’相比，表达方式不太一样，但基本内涵还是一样，还是强调诚信。第三条就是‘唯一不变的是变化’，原来是‘拥抱变化’。这 3 条内容表达方式根据年轻员工喜欢的方式进行了新的表达，内容基本一样。

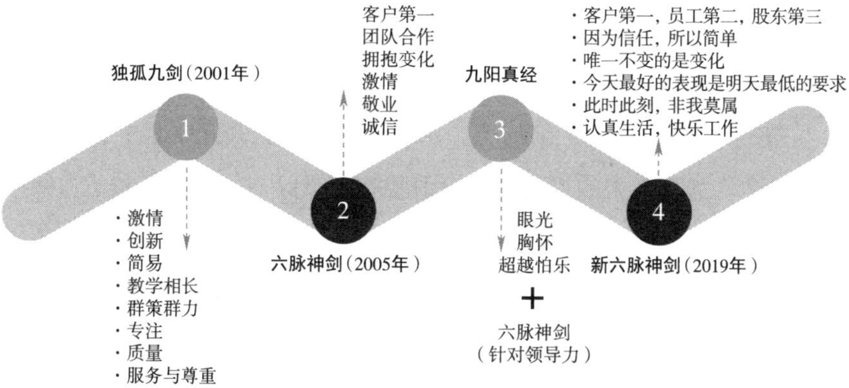

图 5–1　阿里巴巴企业文化演变

“阿里巴巴原来的价值观里有一条叫作‘敬业’，现在没了，变成了‘认真生活，快乐工作’。大家刚开始看的时候，很多人都会认为自己看错了？应该是‘认真工作，快乐生活’。其实，不是。

“为什么不再提敬业了？这跟环境的变化有很大关系。2019 年，一个关于互联网程序员的话题——‘工作 996，生病 ICU’被热烈讨论，很多企业都被卷入进来，大量的‘90 后’‘00 后’的员工，包括阿里巴巴的员工都展开了激烈讨论。阿里巴巴的员工队伍主体正在从‘60 后’‘70 后’‘80 后’变为‘90 后’‘00 后’。‘60 后’‘70 后’‘80 后’认为敬业是理所应当的，但‘90 后’‘00 后’希望追求生活与工作的平衡，工作是为了更好的生活，如果只顾加班工作，那工作又有什么意义呢？这种变化也是在环境发生变化的时候及时做出的调整。这个价值观是‘90后’‘00后’所希望的。

“原来大部分企业都坚持股东利益最大化，但2019年8月19日，美国近200家顶尖企业的CEO（包括贝佐斯、库克等在内）集体发出了一份联合声明书，重新定义了企业运营的宗旨，他们宣称：股东利益不再是企业最重要的目标，企业的首要任务是创造一个更美好的社会。这个目标意味着企业相关方（包括员工、股东、合作伙伴、客户）的利益要均衡，而不能只追求股东的利益最大化。未来，大量的企业会在追求股东利益的合理化的同时，追求整体利益的最大化。

“如果说使命是做正确的事，那么，价值观就是正确地去做事。如果把使命作为我们去的目的地，价值观就是道路上的红绿灯和黄白线。

“腾讯升级价值观是伴随着企业的业务越来越多元展开的。越来越多的人才加入腾讯，腾讯的文化也迈向新的起点，在传承历史的同时，也开启了面向未来的全新进化——刷新企业文化。

“阿里巴巴升级价值观，首先是延续了其高度重视价值观的传统，过去的岁月里，阿里巴巴的价值观，从内容到考核方式，都在不断演变。2019年这次是阿里巴巴历史上第三次价值观升级，前两次分别是2001年的‘独孤九剑’，2005年又演变成‘六脉神剑’。阿里巴巴倚重文化先于制度建设，阿里巴巴花了大把的时间建立文化体系，而非制度体系，因为文化的力量是强大的，文化是制度所不能管到的地方。其次，阿里巴巴的业务丰富又多元，‘90后’‘00后’纷纷涌入，承前启后，继往开来，恰恰需要文化再次整合、刷新。

“另外，腾讯和阿里巴巴都是全球化的组织，需要建立面向全球通用的价值观体系，而非局限于国内。

“更进一步，文化刷新除了业务节点上的需要之外，另外一个重要因素就是面对越来越多的新人才加入组织，特别是‘90后’‘00后’的到来，迫切需要进行文化及价值观的刷新。这一点在阿里巴巴的新价值观里体现得淋漓尽致，‘新六脉神剑’由熟悉的阿里巴巴土话组成，每一句话背后都有一个阿里巴巴发展历史上的小故事，诸如‘因为信任，所以简单’‘此时此刻，非我莫属’等，非常接近新生代员工的日常表达方式。”

刷新 把谁放在首位，才是价值观的核心

讲完案例之后，杨景指出：“对于核心价值观而言，其实很多企业都没搞明白，所以，我们看到的大部分企业的价值观都是‘专业、诚信、团结、创新……’之类的表述。其实，这些只是方法和手段而已，把谁放在首位，这才是价值观的核心。”

“华为——以客户为中心，以奋斗者为本，长期坚持艰苦奋斗；阿里巴巴——‘新六脉神剑’的第一句话就是‘客户第一’；京东——‘客户为先’。这几家世界500企业的核心价值观第一条就告诉了大家，谁才是最重要的，而这些企业都毫不例外地把客户放在了首要位置。

“其实，企业文化本身会成为影响企业能否建立与客户良好联结的关键因素，企业通过媒介、合作伙伴、员工等渠道传达给客户的感觉会影响客户的选择。‘以客户为中心’，以及由此而衍生的重视客户利益、关注客户个性需求等，是适应数字时代要求的新文化的重要特征。

“当然，我们不是说把客户利益放在首位才是对的，把其他人的利益（如股东、员工的利益）放在首位就是不对的 。每一种选择都是基于一种假设。认为客户至上的企业，相信与客户建立良好的关系是企业取得长期竞争优势的关键。将员工放在首位的企业认为，只有员工满意，才能让客户满意并带来优质的财务回报。奉行股东优先的企业认为，只

有把企业和股东的利益放在首位，才能为客户提供优质的产品和服务，才能让员工有更高的收入和更好的福利。

“有人会问，知道了这一点，对我们有什么用呢？一旦明确了企业的核心价值观——把谁的利益放在首位，将会帮助企业在关键时刻做出正确选择。我们来看几个例子。

“奉行‘顾客第一’的强生公司，在关键时期召回‘泰诺’，因为他们发现有些胶囊受到了污染；同样，默克公司召回‘Vioxx’（一种止痛药），让公司损失了200亿美元。这些举动虽然短期内让企业遭受巨大损失，但最终带来了良好的长期回报。

“奉行‘股东第一’的辉瑞公司也曾遇到上述类似的问题，而辉瑞公司的处理方法是在得知某药物存在导致心血管疾病的风险后，只是在说明书上增加了一条重要的警告，避免了几十亿美元的利润损失。

“在经济情况不好的时期，遵循‘员工第一’的企业奉行不解雇制度，激励员工一起渡过难关；而奉行‘股东第一’的企业，则会采用裁员、卖掉业绩不好的板块等手段来减少财务损失。

“因此，核心价值观的‘核心’在于谁是最重要的，股东、顾客还是员工？不同的答案能指导企业的不同行为并帮助企业在关键时刻做出重要的选择。企业把谁放在最重要的位置，行为一定不同，不同的价值观会导致不同的行为。”

刷新 价值观定义三步走

如何来定义北锋公司的新价值观呢？分3步走。

杨景说：“第一步，定位文化类型。”

“首先，我们要分析北锋公司的战略及生存环境，我们要知道企业的战略重心是侧重于内部或是外部，我们也要知道企业的生存环境对企业灵活性提出的要求。基于以上两个因素，可以形成一个矩阵，将企业文化分成 4 种类型，如图 5–2 所示。当然，这 4 种类型的文化无所谓好坏，每一种都有可能取得成功，但要依赖于外部环境和企业战略的需要。

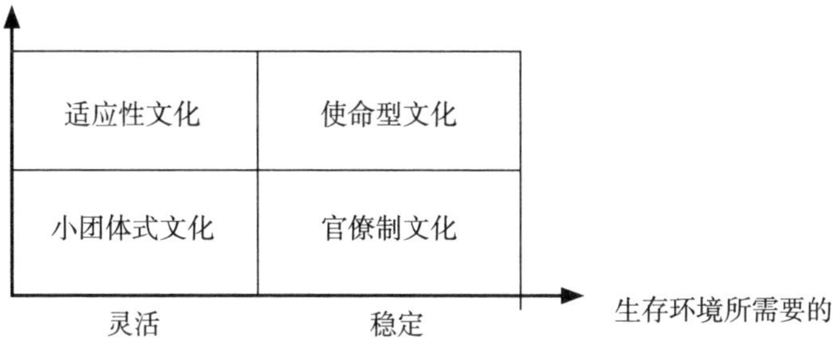

图 5–2　企业文化的 4 种类型

资料来源：理查德 · L. 达夫特著，李维安译，《组织理论与设计精要》。

“第一种类型：适应性文化，通过实施灵活性和适应顾客需要的文化，把战略重点集中在外部环境上。拥有这种文化的企业并不只是快速地对环境做出反应，而是积极创造变化，革新、创造性和风险行为会得到高度评价与激励，如 3M 公司。

“第二种类型：使命型文化，对于那些关注于外部环境中的特定顾客而不需要迅速改变的企业，适于采用使命型文化。使命型文化的特征着重于对企业目标的清晰认知和任务的完成来帮助企业达成目标，管理者通过建立愿景和传达对组织的期望状态来塑造员工的行为，如百事公司。

“第三种类型：小团体式文化，主要强调组织成员的参与、共享，还有外部环境快速变化的期望。这种类型的文化强调企业实现优异绩效对员工的依赖性，如软件公司、互联网企业。

“第四种类型：官僚制文化，关注内部，企业也不需要迅速改变，有一种支持商业运作的程式化方法的文化，遵循传统和随之确定的制度和实践是达到目标的一种方式，如银行、保险公司。

“第二步，提炼价值观关键词。

“除了‘把谁放在首位’这一价值观的核心之外，核心价值观也包括企业重视的其他八大关键特征，如表 5–3 所示。我们可以根据企业的新愿景、新使命、新战略，结合第一步明确的文化类型，通过对表 5–3 中的价值观定位要素的界定，来提炼出核心价值观的关键词。

表 5–3　价值观定位要素清单

价值观定位要素	要素说明	知名公司核心价值观举例
把谁放在首位	——	华为：以客户为中心，以奋斗者为本，长期坚持艰苦奋斗
外部环境适应性	企业的管理人员对外部环境变化反映的程度	迪士尼：狂热地控制与保持迪士尼的“魔力”形象；以创造力、梦想与想象力不断追求进步；狂热地追求一贯性与细节
创新与冒险	企业在多大程度上鼓励员工创新与冒险，鼓励员工争论、公开批评的程度	3M 公司：创新，“你不得扼杀一个新产品的创意”；绝对正直；尊重个人的首创精神及个人成长；宽容诚实的错误；产品质量及可靠性；我们的真正业务是解决问题
过程 VS 结果	企业管理人员在多大程度上将注意力放在结果上，而不是强调实现这些结果的手段与过程	福特：利润是必要的手段与衡量我们成就的指标
团队 VS 个人	企业在多大程度上以团队而不是以个人工作来组织活动，是鼓励协作还是鼓励独立动作	美国运通；鼓励个人的首创精神；英雄式的顾客服务
工作 VS 生活	工作与生活之间该如何处理才会有利于价值创造，是工作、生活严格分离，还是工作、生活一体化。同事之间要不要建立工作之外的友谊、爱情关系，甚至家庭关系	阿里巴巴：认真生活，快乐工作

续表

价值观定位要素	要素说明	知名公司核心价值观举例
人际导向	管理决策在多大程度上会考虑决策对企业成员的影响，以及对人的信赖与尊重	IBM：给予每名员工充分的考虑；花很多时间使顾客满意 P&G：诚实与公平；尊重与关心个人
进取心	员工或企业的进取心和竞争性	P&G：不断自我提高；产品完善 摩托罗拉：不断进行自我革新；发掘我们内部潜藏的潜力；不断改进企业的一切作为——创意、品质与顾客满意度
奖励标准	奖励（如加工资、晋升），是根据员工的业绩来定，还是根据资历、偏好和其他非业绩因素来定	强生：根据能力给予个人机会与报酬；分权 = 创造力 = 生产力

“企业的愿景、使命、战略及战略与环境决定的文化类型等决定了企业会做出何种选择。

“第三步，描述核心价值观关键词，形成行为准则。

“有了这些关键词。我们就可以轻松定义核心价值观了，对核心价值观的陈述可以用不同的方法，但应该简单、清楚、纯真、直接而有力。通过自上而下和自下而上反复沟通，最后确定 3~6 条（不要超过 6 条，否则，可能会抓不住真正的核心价值观）核心价值观。

“这些关键词可能会比较虚、比较空泛；同时，同一个关键词，不同的人可能会有不同的理解，所以需要通过统一的、标准的行为准则来诠释价值观。这就是第三步，编制每一个关键词对应的行为准则。

“行为准则是价值观对企业及员工总体约束的标准原则，是价值观的行为体现。这些行为的‘表象’直观地彰显了企业的价值取向，体现着企业的基本信念和目标。

“我们以阿里巴巴价值观中的‘团队合作’为例，就有 5 条行为准则相对应，如下所述。

“1. 积极融入团队，乐于接受同事的帮助，配合团队完成工作。

“2. 决策前积极发表建设性意见，充分参与团队讨论；决策后，无论个人是否有异议，完全予以支持。

“3. 积极主动分享业务知识和经验；主动给予同事必要的帮助；善于利用团队的力量解决问题和难题。

“4. 善于和不同类型的同事合作，不将个人喜好带入工作，充分体现‘对事不对人’的原则。

“5. 有主人翁意识，积极正面地影响团队，改善团队士气和氛围 。

至于如何描述行为准则，杨景给出了 3 种方法，如下所述。

1. 正负向法：即企业鼓励什么行为、反对什么行为。

2. 情境行为法：运用 SBR 模型进行定义，员工要在什么情境（Situation）下完成什么行为动作（Behavior），以及由此产生什么样的期望结果（Result）。如“创新进取”的行为准则可以是：当工作中遇到困难和挑战的时候（S），能够经过思考提出一些过去没有尝试过的想法（B），为解决这个问题产生新的突破的思路并形成计划（R）。

3. 价值观分层法：在企业中，虽然价值观理念是一致的，但对行为的具体要求是不同的。按照高层、中层、基层 3 个层次，可以生成不同的行为描述。当然，前提是用企业内部语言描述，用“90 后”“00 后”懂的语言表达，因为他们才是当下职场的主体。

令杰克·韦尔奇赞叹的新第一银行新价值观的行为准则

杰克·韦尔奇在退休后的 2004 年，了解到波士顿第一银行和摩根大通银行合并组建了一家新企业——新第一银行，他看到新的经营层为企业创建了新的价值观和行为准则。杰克·韦尔奇说："其内容之详细、明确，前所未见。"例如，其中一条价值观是"将心比心，竭诚为顾客服务"，其行为准则摘录如下：绝不能让利润中心产生的冲突妨碍对顾客的优质服务；对待顾客要友善、公平；建立伟大的客户关系需要时间；不要以破坏同客户的持久关系为代价去追求短期利益的最大化；不断寻求各种办法，让顾客感觉到与我们之间的交易简单易行；每天都要同顾客进行交流；让顾客一旦同我们建立了联系，就不需要再去寻找我们的竞争对手了；不要忘记说"谢谢你"。另一条价值观是"通过有效与卓越的运营，成为低成本的供应商"，这家新企业对此也做了很多具体阐述，如：虚心学习为上；消除官僚作风；无情地消灭浪费现象；珍惜彼此的时间；对基础设施大力投资；我们应当对自己的业务了如指掌，不需要顾问来告诉我们该怎么做。

杰克·韦尔奇说："当我第一次见到这些密密麻麻、长达 5 页的关于价值观和行为准则的基础文件时，差点晕倒。可是，再次仔细阅读后，我看到了其中蓄积的能量。"

杨景在讲核心价值观提炼的几个要点时，说："企业文化是根植于民族文化的土壤之中，如果核心价值观与民族文化相违背，那么，它根本就无法生存。因此，我们就很容易理解，为什么跨国公司重视跨文化管理的问题。无论是哪一个国家的企业的最优秀的核心价值观，如果不能与本土国家的文化相融，那它就会失去生存的土壤。因此，中国企业不能好高骛远，盲目追求缩短与世界企业的差距而建立所谓的世界级的理念，应该塑造一种基于民族文化和商业伦理且是企业家内心追求的真正核心价值观。唯有如此，中国企业才能建立适合中国国情的企业价值观体系。”

一天的研讨会结束之后，北锋公司收获了新愿景、新使命、新的核心价值观与行为准则。区区几百字，但价值千金。

第六章

传播宣传与反复沟通

刷新 不只是公开价值观

研讨会后，查晓丹对李步青讲："这次中高层研讨出来的新愿景、新使命、新的核心价值观与行为准则，还只是一个草稿。对于这份文件而言，公司里的每一个成员都应当有机会发表自己的看法。我们应该通过各种会议对草稿进行讨论，利用公司内部网络征求更广泛的意见，尽可能多地让大家表达自己的见解。"

李步青觉得多此一举，说："公司中高层研讨明确了，交给员工照着做就行了。"

查晓丹也不反驳李步青，她接着说："企业员工共同参与是企业文化建设的根本。让员工们真正深入地参与进来将产生意想不到的效果，而且，最为重要的是这个过程本身就能让价值观获得更多人的认同。"

李步青好像想明白了什么，说："您是说，讨论的过程就是一个文化认同的过程？"

查晓丹回答："是的，价值观的形成应该是个反复实践的过程。让大家公开讨论、共同切磋，并且反复多次；同时，中高层需要打破陈规，创造出一种氛围，让员工体会到在探讨企业价值观的话题上贡献自己的才华是一件人人有责的事情。这里的关键是公司中高层，特别是公司董事长与总经理必须参加全公司的讨论。"

于是，五人小组开始对北锋公司新愿景、新使命、新核心价值观与行为准则的草稿加工润色。之后，向唐明伟汇报并根据唐明伟的指示以"企业文化公开讨论稿"的名义把草稿贴在公司 OA 系统中的"心声社区"上，也在全体员工微信群进行了发布，供全体员工讨论并公开征求意见。不设时间限制，并且设置了参与热度排名，每个月排名前三名的员工可以使用总经理办公室一天（疫情过后正常上班时兑现）。

奈飞的企业文化

奈飞是一家颇具传奇色彩的公司，从租赁 DVD 到提供流媒体服务，再到制作原创内容，直到今日与亚马逊、谷歌和 Facebook 并称“美股四剑客”。

奈飞于 1997 年成立，最初是一家 DVD 租赁公司，后来转型做流媒体，也就是类似爱奇艺那样的视频网站。最近几年，它又开始自制内容，生产了很多像《纸牌屋》那样的爆款美剧。今天，它已经是市值高达千亿美元的公司了，市值已经接近迪士尼了。

从 DVD 邮寄到流媒体服务，奈飞的业务和技术经历了重大的转型。更为重要的是，奈飞树立了独树一帜的企业文化，不同于其他任何一家硅谷的高科技公司。

奈飞的文化特立独行，甚至有些惊世骇俗。比如，奈飞没有休假制度，没有报销制度，没有差旅制度。所有的这些制度，都是员工自己看着办。

奈飞的文化是基于这样一种考虑：管理层认为传统的管理体系已经不适应 21 世纪企业面对的挑战。所以，奈飞试图建立一种全新的、能让员工充分行使权力的管理方法。奈飞意识到员工被招聘进公司时是有权力的，因此，员工不需要企业赋能，只需要企业创造一个环境让他们充分发挥权力就好；而管理层的工作是建立伟大的团队，按时完成那些让人觉得不可思议的工作。

基于以上对管理员工的理解，奈飞的管理层开始刻意打造一种自由与责任的文化。他们并非是建立一套全新的复杂文化体系，而是从删减现有的制度开始。出于自由的目的，他们开始废除各种制度和流程。但是，自由的前提并不是没有约束，所以，他们加入了纪律，这是体现责任的部分。

奈飞的企业文化实践表明，文化转型并不是简单公开申明新的价值观和行为准则，它应该是：识别期望的新行为——→让其变成持续不断的实践——→然后用纪律来保证实践顺利进行。基于这种理念，奈飞认为需要持续地与所有员工沟通。所以，奈飞的管理层在2009年制作了《自由与责任》的PPT用于内部沟通。

赵晓园在五人小组微信群里问杨景："企业文化文本讨论稿发布了，接下来我们应该做些什么呢？"

杨景告诉赵晓园："要改造一个企业的文化是很难的。所以，这注定是一个持续、渐进的过程。这个过程中的第一要务就是沟通，持续地沟通，反复地沟通，不厌其烦地沟通。当然，这个沟通应是有效的沟通，所谓有效的沟通是说沟通要做成双方思想的交换，而不是被动、简单的接受，沟通是建立在平等的基础之上的。"

赵晓园说："看来，这个沟通还要讲求方式方法。"

杨景说："文化不是讲过一次就可以扔掉的东西，必须在每次会议上都反复讲你想要传达的文化，尤其是创始人、CEO或其他管理者，要把这个工作当成所有工作中很重要的一部分。"说完，杨景讲了一个30多年前杰克·韦尔奇在GE进行文化传播与沟通的故事。

刷新 杰克·韦尔奇是一个不知疲倦的传播者

杨景说："杰克·韦尔奇是一个不知疲倦的传播者。"

“20世纪80年代初，杰克·韦尔奇接任GE董事长兼CEO早期，反复强调的理念有数一数二、重组、关闭或出售、追求速度、简单与自信。到了20世纪90年代的中后期，GE又有了不同的理念，无边界、倾力解决、延伸、质量、服务、好学精神。杰克·韦尔奇和GE像过去一样执着地追随着这些经营理念，而且，这些经营理念的文本会随时出现在各种地方——公司年报里、杰克·韦尔奇致股东的信函中、杰克·韦尔奇在GE董事会的讲话中、杰克·韦尔奇与财务分析师的交谈过程中。最值得一提的是以上这些关键词汇会出现在GE员工随身携带的钱夹般大小的卡片上。让员工学得GE的经营理念相当重要，以至于董事长将它们刻在卡片上分发给每一位员工。不仅仅是携带这些卡片，更重要的是贯彻并维护这些经营信条已经成了全体员工的义务。”

杨景告诉赵晓园：“杰克·韦尔奇曾经发动过无数次的管理变革，这其中也包括多次的文化变革。在GE这样一个有着100多年历史的庞然大物体内进行的革命本来就极容易引起不良反应，结果却是由此带动了企业业绩的屡创新高，其中一个很重要的原因就是杰克·韦尔奇应用了内部沟通的简单原则，简化信息、将信息重复700遍、使用多种沟通方式、不断传播企业的战略与核心价值观。”

“杰克·韦尔奇是一个不知疲倦的传播者，他常常通过文章、讲话、备忘录和访谈等形式与途径强化企业的战略与核心价值观。如果我们把内部沟通看成是一种投资，那么可以说杰克·韦尔奇有点投资过度，因为他深刻地认识到——新的时代最重要的资源是员工的才智。如果能发挥这种才智，并且将其与企业的目标时刻联系起来，就没有做不到的事情；如果投资不足，必然会一事无成。

“在GE，员工与CEO几乎处于同一位置。所有人具有同样的价值观、使命感和战略重点，甚至使用同样的语言，这也是GE不断取得成功的关键所在。”

赵晓园适时补充，说：“另外，谈到沟通，我也插一句话。一家企业在启动某种转变过程的时候，必须让员工明白3件事情。分别是为什么要改变，如何为这种改变贡献力量，这种改变能给员工带来什么好处。”

最后，杨景总结：“晓园说得很对。伟大的企业领导人尽管面临着许多经营上的压力，也很容易被这些难题缠得脱不开身，但他们还是坚持认为，将企业的战略与核心价值观传达给内部员工和外部客户是最重要的工作，他们始终没有忘记这一点。所以，优秀企业在内部沟通方面的投资总是过度的。”

李步青兴奋地说：“北锋公司也需要这种过度投资！唐总在沟通上也会成为一个不知疲倦的‘文化大使’。”

刷新 文化转型是新思想、新行为战胜旧思想、旧行为的过程

话题说到这里，赵晓园的好奇心又上来了，她问：“那么，具体应该怎么沟通呢？”

查晓丹先讲了一个故事。

诺斯拉姆的退货制度

诺斯拉姆公司的员工喜欢谈论这样一个故事，它与公司的顾客退货制度密切相关。这个零售连锁店初创时，某天一个顾客来到商店想退掉一副汽车轮胎，售货员不太清楚自己应该怎样处理这个问题。就在顾客与售货员交谈时，诺斯拉姆路过此处并听到了谈话内容。他立即走过去，

问顾客花了多少钱买下的这副轮胎，然后让售货员收回轮胎，把钱如数退给了顾客。顾客拿着钱离开后，售货员困惑地看着诺斯拉姆并问他："诺斯拉姆先生，我们店里可从来没有卖过什么轮胎呀？"诺斯拉姆回答："我知道。但是，我们无论如何要让顾客满意。我说过，顾客退货时，我们不提任何问题，这是我们的退货制度，必须做到这一点。"然后，诺斯拉姆就打电话给一个在汽车配件厂工作的朋友，问他愿意花多少钱拿走那副轮胎。

听完上面的故事之后，赵晓园明白了查晓丹想要讲的意思，她接过话茬说："许多公司都流传着一些小故事，企业文化也是随着这些小故事的传播而让员工认知并认同的。"

查晓丹回答："是的。我们知道企业文化实质上是一个以新的思想观念及行为方式战胜旧的思想观念及行为方式的过程。因此，新的思想观念必须经过广泛宣传、反复灌输才能逐步被员工接受，新的行为方式也必须经过员工的反复实施才能成为一种习惯。也就是说，企业文化重塑不可能一蹴而就，而是一个长期的过程，需要我们长期坚持宣传、不断实践和规范管理。"

赵晓园回应："是场持久战！"

查晓丹说："对。让核心价值观达到上下理解一致，从而在员工心目中真正形成认同感，这是沟通可以达成的效果。至于具体方式、方法有很多，我先给大家讲一个天合光能进行新文化传播的案例。"

刷新 天合光能如何传播新文化

"天合光能是一家太阳能和光伏发电的新能源公司，经历 20 多年的发展，已成长为全球最大的光伏组件供应商和领先的太阳能光伏整体解决方案提供商。

“20 多年来，天合光能的企业文化也经历了 3 次较大的革新，核心价值观也从企业初创时的‘敢为人先、知难而上、海纳百川、团结拼搏’转变为当今的‘文化 3.0’版本——‘成就客户、开放心胸、全力以赴、追求卓越’。

“在提炼‘文化 3.0’版本的过程中，天合光能搜集到了一系列正面和反面的案例，积累了许多企业文化与日常工作对应的具体行为（包括鼓励的和反对的）。那么，他们是如何进行新文化传播的呢？主要方法有 5 个。

“方法一，建设企业文化内部沟通平台。

“天合光能的微信企业号日均推送 4 条，并且于与企业微信 App 打通，包含‘T- 酷讯’‘T- 活动’‘T-CODE’‘T- 学习’‘T- 指南’‘HR 业务办理’等板块。平台功能丰富，员工可以了解公司新闻、报名并参与各种活动、参与调研和投票事务、进行在线学习和测试等。此外，平台还是开展优秀表彰宣传的阵地，已成为天合光能内部重要的信息集成与发布中心，是企业文化传播的创新实践。天合光能的微信企业号特别开发设计了‘积分兑换管理’功能，对于每条推送文章，员工只要浏览、点赞或评论，均可获得对应的积分；另外，参与活动、调研和学习时，根据难易程度，后台设定积分值，员工也可获得相应积分。以上所获积分均可以兑换礼品。

“方法二，塑造企业文化视觉形象。

“天合光能设计独具特色的企业卡通形象‘天天’‘合合’。‘天天’为女生，性格热情，活力四射，积极向上；‘合合’为男生，性格大气，坚定执着，阳光自信。在企业文化宣贯中，以‘天天’与‘合合’两个卡通形象为载体，柔性的演绎和传播企业文化的内涵，让员工潜移默化地接受并内化。为此，天合光能设计了一系列的‘天天 & 合合’文化周边产品，应用在各种宣传场合和活动中。

“方法三，活动助力企业文化传播。

“企业文化活动是形成企业文化感受和体验的载体，投入越深入、表达越强烈，文化影响越明显。为此，天合光能结合企业自身的特点，开展了一系列的大型活动。例如，组织员工家庭日活动，知识竞赛，舞台剧创作大赛，天合秀·MV 创作大赛，天合 20 周年员工千人晚宴 & 星光红毯，2018‘天合与改革开放 40 周年’主题游园会等。

“方法四，用榜样的力量影响员工。

“榜样的力量是无穷的，要多树立员工榜样，就像‘点灯’一样，‘灯’点得越多，企业文化就越‘亮’。

“①‘天合之星’年度优秀员工评选。年度优秀员工的评选，在突出业绩和绩效的同时，须紧紧围绕核心价值观和对标行为。评选出的年度‘天合之星’，在公司年会上予以表彰。除了制作年度‘天合之星’文化电子相册之外，还以视频、音频和图文等形式深度宣传推广他们的事迹，广泛传播。另外，为配合年度‘天合之星’的更广、更深推广，让员工主动发现优秀的瞬间，内化成对自身的激励，开展了‘TA（们）工作的样子真好看’的‘天合之星’工作场景照征集活动，让全体员工用自己的眼睛去发现、用镜头去捕捉‘天合之星’在工作中‘全力以赴、不畏挑战、专注投入’的样子。员工们提交的图片加工成海报，在公司内部传播、在展厅呈现。

“②‘全力以赴，榜样领航’寻星计划。这个活动由各个业务部门推荐人选，企业文化部门对照标准进行评选，并且提请业务部门 VP 和 CHO 确认。之后，由企业文化部门组织采访工作，深度宣传相关事迹，撰写成文化故事并拍摄剪辑成宣传片，向全公司发布传播。同时，设计寻星海报（扫二维码可查看员工事迹）并由大家投票，最后评选出月度、季度、年度的‘全力以赴之星’。评选出的‘全力以赴之星’不仅能够获得相应的奖金，还能在员工大会中获得公司高管颁发的奖状（杯）等。为了更好地挖掘大家身边的优秀员工，天合光能还开展了配套活动，若一名员工成功当选‘全力以赴之星’，那么，他的推荐者同样能够获得丰厚的奖励。

“方法五，其他文化活动。

“①线上活动。天合光能利用微信企业号的高关注度，开展了不同系列的线上活动，包括文化践行类、公益环保类、传统文化类、节日类、学习分享类等不同主题的活动。

“②线下活动。天合光能积极开展各种特色小活动或竞赛。比如，农事体验系列（收割油菜、插秧等），端午雅集（含直播），五四青年节——以运动致青春，‘衣’起行动、传递爱心，天合老故事讲述，女神节——自己动手制造甜蜜，企业文化拼图大战……吸引不同员工群体的积极参与。”

听完案例，李步青等人脑洞大开，邹琴称赞：“真会玩！”

查晓丹回应：“文化传播也要与时俱进，好玩才对‘95后’的口味！海报、企业内刊、文化墙、企业欢庆仪式、纪念活动、知识抢答、有奖征文、演讲等都是好的形式，CEO在大会上讲、小会上说，管理人员在饮水机旁、茶水间中、餐厅中及下午茶时间现身说法，通过树立典型人物、传奇人物的方法，明确告诉员工企业提倡什么、鼓励什么……还有就是所有的管理人员要参与其中，要成为忠实实践企业核心价值观的表率。”

查晓丹接着告诉大家，在企业文化传播过程中需要注意6件事情。

“一是理念故事化，故事理念化。使命与价值观相对抽象，需要把它们变成生动活泼的寓言、故事及卡通人物等并进行宣传。例如，阿里巴巴的每一名管理者都要成为故事的发现者、收集者和传播者。新员工入职之后，一般都会听到几个故事，有的是关于创业艰辛的，有的是关于努力工作的。除了讲述故事之外，阿里巴巴还会将自己员工的故事拍成视频，以激励员工。

“二是‘树榜样、立典型’要以核心价值观为核心。注重从核心价值观方面对先进的人物和事迹进行提炼，把那些最能体现企业价值观念的个人和集体树为典型，大张旗鼓地宣传、表彰，并且根据客观形势的发展不断调整激励方法，有利于优秀企业文化的形成和发展。树立本企业的英雄人物、传奇人物，能明确地告诉员工企业提倡什么、鼓励什么，员工也就知道自己应该怎么做。

“三是鼓励内部交往。IBM 公司创设了乡村俱乐部，鼓励员工内部交往，而不鼓励员工与外部交往。再如，为了进一步加强员工行为的一致性，迪士尼公司鼓励员工闲暇时间待在一起。迪士尼公司设有排球场、开办了垒球俱乐部等，也经常举办办公室野餐会、员工乐园之夜、海滩宴会等活动，这些活动为年轻人提供了充分的社交机会，同时也限制了他们接触非迪士尼文化的机会。

“四是固定仪式。例如，每年的 5 月 10 日是阿里巴巴集体婚礼的日期。事实上，5 月 10 日对阿里巴巴有着重大意义，这一天是阿里巴巴战胜‘非典’的日子。除了集体婚礼之外，5 月 10 日这一天还是阿里巴巴的开放日，阿里巴巴的员工可以带家属一起上班，也可以带上自己的宠物一起到公司。

“五是外树良好形象、内创优美环境。良好的企业环境和优质的产品与服务对员工有潜移默化的作用。例如，视源科技看起来不像一家公司，而像一个俱乐部，这里有幼儿园、餐厅，有跑道、篮球场、网球场，有舞厅、瑜伽教室，还有一个大大的游泳池，这些都是供员工享用的。每个星期五下午 4 点半后，员工带家人来就可以参加免费举行的啤酒饮会。这种非正式的公司形式告诉员工，视源科技重视的是公开、平等与开放。

“六是宣传特有的口号、标语及语言和传闻轶事。这些特有的标语、口号要简明洗练、好懂易记、易于传播。例如，IBM公司的创始人老华森1914年就会在墙壁上贴一些口号、标语，如‘失去的时间永远也找不回来’‘停滞不前就是自杀’‘我们绝不能自满’‘我们卖的是服务’‘员工代表公司的形象’等。再如，迪士尼公司所有新进员工都要接受多天的培训，迅速学习一种新‘语言’：员工——‘演员表上的演员’；值班——‘表演’；顾客——‘贵宾’；制服——‘戏装’；群众——‘观众’；职务说明——‘剧本’；人事部门——‘分派角色的部门’；当班——‘在舞台上’；下班——‘在后台’等。”

李步青赞叹不已：“大开眼界，大开眼界！”

第二天，李步青与赵晓园、邹琴就拟定了一个文化传播计划，这个计划运行的时间暂定为1年。考虑到当下的情况，这个计划的活动以线上为主；疫情结束之后，再辅以线下活动。杨景与查晓丹对这个计划赞赏有加。于是，李步青兴冲冲地向总经理唐明伟、计划财务部经理朱瑞华要预算去了。预算自然很快就批下来了，尽管北锋公司今年2—4月的收入为零。与此同时，一场事关企业文化转型成败的沟通会议在五人小组与唐明伟之间展开了。

第七章

CEO的自我革命与管理团队的传承

刷新 CEO 是第一责任人

唐明伟尽管是技术人员出身，但多年的企业高层经历告诉自己：公司的事情千千万，自己的主要职责只有 3 个，即战略、人力资源和企业文化。也就是说，自己要做好战略决策、建立吸引人才的平台、当好企业文化的“讲师”。

杨景说：“战略、企业文化与人力资源，唐总非常人可比啊。唐总，您准备如何当好这个‘讲师’呢？”

唐明伟举了一个例子，他说：“具体的我也没想好，这个方面没有经验。我以前听过一个航空公司的例子。对于航空公司而言，安全肯定是追求的服务品质之一。那么，在 CEO 会议中，一定是每次会议都要讨论安全方面的提案、做出安全方面的部署。CEO 每次下基层，都要进行安全检查、进行安全动员。为什么每次开会都要讨论安全，每次下基层都要强调安全？这是因为培养和强化安全的企业文化的最好方式就是 CEO 在实际行动层面强调其重要性并以身作则。”

杨景接过唐明伟的话茬，说：“很多企业把文化的工作交给 HR 去完成，但实际上 HR 只能是 CEO 的助手，协助 CEO 传承文化、重塑价值观。所以，企业文化的第一责任人不是 HR，而是……”讲到这里，杨景故意停顿了一下。

唐明伟立马接过话茬：“是我，企业文化的第一责任人是 CEO。”

赵晓园惊呆了，原先最担心的问题已经不是问题了。

寒暄过后，按照计划，查晓丹给大家上了一堂语音微课，主题是《文化转型成败的关键》，第一节就是 CEO 在企业文化重塑中的角色与责任。

“第一，CEO 是企业文化的‘设计师’。

“每家企业由于其行业特点、地理位置、产品属性、企业发展所处阶段不同而各具特点，其企业文化建设必然不能搞‘一刀切’，而应该各具特色。CEO 要注重对企业文化的提炼、宣传、倡导与塑造。

“第二，CEO 是企业文化的‘讲师’。

“CEO 的思想只有扩展为企业的制度，进而渗透进员工的心田并成为他们的追求才能成为企业的文化。

“新的企业文化不会主动扩散，员工也不会主动接受，原有的企业文化也不会自动瓦解，这一切都说明企业文化变革的艰难性。旧的企业文化自身还具有极大的反弹阻力，变革需要巨大的权力推动，没有强大的推动力，变革不会发生。而企业文化只有与企业的生产经营实践相结合并深入员工内心才能发挥、显现其巨大的文化动力。

“2001 年，央视《对话》节目中，柳传志问 GE 的前任 CEO 伊梅尔特，GE 最重要的是什么？伊梅尔特说，刚才，我已经把 GE 最重要的东西给了你——我们的价值观（卡片）。

“GE 的价值观里重要的一条是诚信。伊梅尔特说，GE 管理遍布于 200 多个国家和地区的 30 多万员工，我不知道大家每天在干什么，我也不应该知道他们每天在干什么。但是，我知道——每当碰到生死攸关的价值观问题，他们每个人的反应都是一样的。比如，可不可以通过行贿拿订单？这一点无论是在上海、伦敦、纽约、东京，还是世界其他城市，所有员工的反应都是一样的，GE 的员工都会说‘不可以’！因此，CEO 必须要做一名‘讲师’，孜孜不倦地反复强调企业的价值观。一方面，减少企业文化传播与扩散的流程及层级，提高企业文化传播效能；另一方面，要始终不渝和满怀激情地向大家宣传价值观，尽可能地利用与员工的每次接触、每一次会面等机会来表达和强化某种价值主题，使员工接受企业文化，把自身价值的体现与企业目标的实现相结合。

“比尔·盖茨无论多忙，每年都要为员工讲几次课。摩托罗拉中国商学院开学时，CEO 都要过来讲课。他们这样做的目的就是向员工灌输企业文化，使员工认同企业文化，在工作中思想统一地按照企业的要求去做事情，从而形成企业的强大合力。

“第三，CEO 是企业文化的‘表率’。

“企业文化本质上是 CEO 的文化，CEO 要表率示范，在每一项具体工作中都体现企业的价值观。如果 CEO 身体力行，成为企业文化的典型，那么就会更好地发挥企业文化的导向作用。比尔·盖茨的创新精神和竞争个性对微软文化的形成与影响、乔布斯对苹果文化的影响都是无法估量的。

“企业文化的成功构建必须具备 3 个条件：优秀的 CEO，优秀的、独具特色的企业文化，适宜的时机。”

查晓丹说：“如果只是将企业文化挂在嘴边，只是要求各级管理人员要重视企业文化建设，CEO 自己却高高在上，说一套做一套、‘两张皮’，或者要求员工做到自己却漫不经心，这样的企业文化转型是绝对不可能成功的。”

“假设公司 CEO 将‘守时’定为行为准则，并且对‘守时’的重要性发表了雄辩有力的演说，指出员工的时间是公司最宝贵的资产。可是，CEO 本人却每逢开会必迟到。在这种情况下，有几名员工会重视这条规定？

“假设公司文化强调‘客户第一’，先看下 CEO 的会议日程有没有讨论如何改进客户体验？再看看高管们的工作安排，有多少时间在实地拜访客户，哪怕给客户打几个电话呢？如果 CEO 一开始就把客户放在其他事情后面，又能指望公司其他部门及其他人有多重视客户呢？

“一次，一家公司 CEO 问我，您觉得塑造企业文化什么最关键？我告诉他，是先把您自己塑造成企业文化的楷模！一些公司的 CEO 总感觉企业文化是用来激励和约束员工的，其实更应该激励和约束的恰恰是 CEO 本人。

“我辅导的一家公司的CEO说自己非常重视人才，希望在企业核心价值观上有所体现。当我们访谈时，恰好他要面试一个中层经理，并且是提前一天约好了时间的。面试者提前一个小时来了，当他的秘书告诉他面试者来了时，他却满不在乎地说，让他等一个小时。一件小事足以体现他对人才的重视程度了。CEO既可能是文化与制度的塑造者，又有可能成为文化与制度的破坏者。”

查晓丹讲得很投入，唐明伟听得也很认真。

讲到这里，查晓丹讲了一句俏皮而粗鄙的话：“‘讲师’与‘表率’的背后是CEO须先‘自宫’。”这句话一下子让大家的注意力更集中了。

查晓丹接着说：“‘欲练神功，必先自宫’。企业在重塑企业文化的过程中，首先应该重塑CEO本人的核心价值观，特别是背后的内在假设，CEO本人应该自觉进行理念革命。所以，我们说没有优秀的CEO就很难创造出优秀的企业文化；同理，没有自我革命的CEO就不可能完成企业文化的重塑。这一点最重要，我们在第二节课上专门讲。”

刷新 文化转型成败的关键

主题演讲《文化转型成败的关键》的第二节课一开始，查晓丹就开宗明义地说：“企业文化的重塑应从CEO自身开始，想把企业重塑成什么样，CEO自己就要变成什么样。你所倡导的，你就必须去推崇。”

“CEO是企业文化的‘龙头’，CEO的模范行为是一种无声的号召，对员工起着重要的示范作用。因此，要塑造和维护企业的核心价值观，CEO本身应成为这种价值观的化身，并且通过自己的行动向全体员工灌输企业的价值观。”

唐明伟点点头，他知道：如果企业的核心价值观不是由 CEO 本人身体力行，坚持不懈地宣传与引导，那么，CEO 又有什么资格要求员工去信奉这些核心价值观并将其行为化呢？

查晓丹接着讲述："我们知道，企业原生文化的形成跟创始人是分不开的。创始人通过仅仅聘用和留住那些与自己想法和感受一致的员工并把自己的思维方式和感受灌输给员工使其社会化，以及通过创始人团队的行为鼓励员工认同这些信念、价值观并内化为自己的想法和感受，企业原生文化就形成了。当企业获得成功时，创始人的人格特点会根植于企业文化之中。因此，我们说企业原生文化是由创始人的人格、个性、优点、弱点等来定义的，是本色出演。但是，发展型文化不同于原生文化，其价值观及背后的内在假设不同于原生文化，甚至有可能相背，也有可能与 CEO 个人的人格、个性、优点、弱点不同甚至相冲突。这就要求 CEO 革自己的命，像重塑企业文化一样，重塑个人的理念与假设。"

唐明伟明白查晓丹想要说什么，接过话茬："也就是说，CEO 要先改变自己，才能改变企业文化！这点我认同！"转眼间，唐明伟又想到了什么，郑重地对查晓丹说："北锋公司以前的企业文化是技术导向的工程师文化，这是因为公司 3 任总经理都是技术人员出身，而且还是师生关系，所以，我们在技术上做到了国内绝对领先。现在，'两化'战略下新的价值观强调客户导向，您让我一下转过来，还真有点难度。这就像演员演戏，假设我是个温文尔雅的人，举手投足间尽显文人气质，演个诸葛亮自然是手到擒来，因为这是本色出演；现在好了，偏偏要我去扮张飞，肯定一时难以适应，演的时候难免是有意识地装腔作势。"

查晓丹直言不讳："确实很难！这就是为什么说优秀的 CEO 才能造就优秀的企业文化，以及真正成功实现企业文化转型的企业其 CEO 自己也要完成蜕变的原因。接下来，我们正好就要讲到这个话题。"

"企业文化转型主要分为两类。一类是广义的变革，就是整个企业文化从使命、愿景、价值观、内在假设，到企业的组织结构、制度、流程、仪式、活动、习惯等都要改变，这是一个广义的变革过程。这个过程需要的时间非常长，大概需要两三年时间甚至更长时间。变革过程中牵扯到很多理念的变革、制度的变革、行为习惯的变革等。另一类是狭义的变革，主要在价值观和内在假设两个层面做出改变，就是对企业的理念体系进行变革，这个变革是整个企业文化变革的前奏，企业组织结构、流程、仪式、活动、习惯等变革的前提是理念体系的变革。狭义的变革是整个企业文化变革的前奏，也是企业文化转型成功与否最关键的因素。

“狭义的企业文化变革包括两部分，一部分是使命、愿景、价值观等部分，这部分是显性的；另一部分是企业文化的内在假设，这部分是大部分企业意识不到的部分，是隐性的。

“很多企业文化转型失败在于文化背后的假设体系出了问题，CEO自己调整不过来，或者说CEO不能革自己的命，不能改变自己的思维模式、内在假设。”

唐明伟这时插了一句话：“找到内在假设，需要自我觉察。然后，要修正或改变这些内在假设，才能改变自己的一言一行！”

赵晓园打趣：“唐总，您这智商，没的说！”

查晓丹继续说：“唐总，您说得很对！使命、愿景、价值观的变化，一般能看得到，但冰山之下的东西——内在假设在企业变革中是难以被发现的，作用却是很久远的。CEO必须能够觉察到这些假设的存在，并且不断反思这些假设，以确定在必要的时候能够对这些假设进行改变。”

唐明伟风趣地接过话茬：“革命、革命，这下革到我自己头上来了！”

为了帮助大家理解这些内容，查晓丹举了几个内在假设的例子。

“人性本质的假设——人到底是懒惰的还是勤奋的呢，是有责任心还是不愿意负责任的呢，是情绪化的还是自律的呢？等等。关于人性的假设决定了企业的管控模式，类似于 X 理论的人性假设一定会采取强管控的方式，而类似于 Y 理论的人性假设则一定会采取弱管控的模式。

“正确决策来源的假设——这是谁最能够做出正确决策的假设。企业中谁来做决策更准确、更高效？正确决策从哪里来，是来自于经典教义或传统，还是来自于高层领导，或者来自于人跟人之间、员工之间的理性辩论，又或者是来自于信息的收集——谁掌握了信息谁就拥有决策权、谁就能够做出正确的决策？不同的假设就会有不同的决策模式。如华为的任正非就说现代商战是‘班长的战争’，所以要强化子公司的董事会建设，‘让听得见炮声的人呼唤炮火’。

“个人主义和集体主义的假设，这个假设就是我们平常所讲的是‘群众创造历史’还是‘英雄创造历史’的假设。西方的企业尤其是高科技企业更多是讲个人优先，英雄创造更大的价值。东方很多传统企业都认为企业的大部分价值都是集体创造的。个人主义倾向或集体主义倾向的假设会强烈影响企业的价值分配方向，集体主义假设往往倾向于平均主义的分配，而个人主义倾向的假设则倾向于反平均主义的分配。

“工作与生活关系的假设是指工作与生活之间该如何处理才更有利于价值创造，是工作、生活严格分离还是工作、生活一体化？同事之间要不要建立工作之外的友谊、爱情，甚至家庭关系？这种假设会决定着企业员工之间的正式关系与非正式关系的多寡，倾向于分开的企业，员工之间的关系则大部分都是正式关系；而倾向于融合的企业，则员工之间的关系多属于非正式的关系。”

查晓丹对大家说：“有关个人的内在假设与企业决策、企业文化的关系，我们让杨景老师给我们讲讲亚马逊创始人贝佐斯的故事。”

刷新 贝佐斯打造亚马逊“Day One”文化

杨景在微信群里贴出几张 PPT，说：“唐总，通常来讲，企业创立之初的业务不太多、团队规模不太大，能保持快速灵活的市场反应。然而，随着业务的快速发展，人越来越多，部门越来越多，层级越来越多，组织变得越来越复杂，所谓的大公司病就产生了，如流程复杂、行动迟缓、组织僵化也随之滋生并蔓延开来。”

几百字的开场白一下子就抓住了唐明伟的心思。杨景继续说了下去：“下面，我们来看看亚马逊创始人兼 CEO 贝佐斯是如何打造‘Day one’文化的？”

贝佐斯如何打造亚马逊“Day One”文化

亚马逊在其成长过程中不断强调一个词——“始终创业”，永远都是第一天（Day one），即无论公司发展多快、规模多大、实力多强、市值多高，都要像创业第一天一样，快速灵活、持续迭代。

如果你认真通读 1997—2018 年贝佐斯写的每一封致股东信，会发现这 22 封信中“第一天”这个词出现了 22 次。2009——2018 年这 10 年，其结尾惊人的一致，最后一句话都是：“我们还是第一天。”

如果你去过亚马逊的西雅图总部，就会发现有幢名叫“第一天”的办公楼，这就是贝佐斯的办公室所在。搬家时，贝佐斯特意把“第一天”的铭牌也带了过来，上面刻着，“还有很多事物，有待发明；还有很多创新，有待发生”。贝佐斯此举是在用实际行动提醒自己并告诫所有人——亚马逊永远都是第一天。为此，亚马逊坚决抵制形式主义，打击骄傲自满，力求消灭官僚主义；始终坚持真正痴迷客户，拥抱外部趋势，不断提高决策速度。

为了持续打造并不断强化“Day one”的企业文化。亚马逊完成了从口号到行为的清晰定义，设计了从理念到工作的落地方法，贝佐斯也在每项决策中以身作则。

1. 从口号到行为。1998 年，亚马逊倡导的价值观有 5 条，而今天亚马逊的企业文化为 14 条领导力准则，而且，每条领导力准则后面还有两三句话将其细化为明确具体的日常行为。更为精妙的是，一旦细化为具体行为，就可以通过观察具体行为分析和判断每个人在日常工作中是否真的在践行企业文化的要求。

2. 从理念到工作。如何让企业文化真正落地，成为指导大家日常工作的行动指南，贝佐斯想出了不少简单直接且行之有效的办法。下面，我们以“痴迷客户”为例，看看亚马逊究竟有哪些招数可以学习。

每周例会上，贝佐斯都会问：“我们怎样才能为客户做得更好？”这是贝佐斯的习惯，每周都问。

亚马逊创业早期，为了灌输“痴迷客户”的理念，贝佐斯在开会时会给客户留把空椅子，时刻提醒大家：虽然客户不能亲临现场，但大家要始终心怀客户，把客户的利益放在第一位。

在亚马逊，所有创新项目在正式立项前都要写新闻通稿，明确定义自己的目标客户，并且从客户的视角阐述该产品或服务究竟能为客户创造什么价值、会给客户带来哪些惊喜。

当今时代，新闻传播速度惊人。若处理不当或处理不及时，某个孤立的偶发事件就有可能在很短时间内发酵成广受关注的社会议题，对相关企业造成巨大的负面影响。为了防范这样的风险，亚马逊开发了客户反馈自动收集系统，实时跟踪客户意见，尤其是重点关注表达不满的负面反馈。

在亚马逊，如果多位客户对同一款在售产品提出投诉，客服中心的一线工作人员就有权将这款产品直接下架。既不需要请示客服中心领导，也不需要跟零售部门打招呼，而是直接下架。

亚马逊每年都会安排部分经理去客服中心接两天电话。为什么要这么做呢？因为贝佐斯特别担心，随着公司的不断发展，大家会变得骄傲自满，会沉醉于已经取得的各种成绩，不再坚持极高标准，不再要求自己持续提升。去客服中心直接感受客户的各种不满，亲身体验客户的各种“吐槽”，有利于大家保持警醒的头脑。

如果为客户提供的产品或服务不能达到既定标准，怎么办？是要等客户投诉才能发现并解决吗？有了数字化的智能系统，亚马逊实现了自动发现、主动退款的功能。客户不需要投诉，问题就能自动解决。

3. 在每项决策中践行。亚马逊的企业文化深入人心，在很大程度上与贝佐斯自己的亲身践行、率先垂范、大力倡导、不懈坚持密不可分。每个会议、每项决策、每次发表演讲、每次接受采访，都可以看出贝佐斯内心对此的坚定信仰与不懈坚持。

我们还以“痴迷客户”为例，从中可以看出贝佐斯毫无疑问是全球最痴迷客户的企业家之一。

1999 年，亚马逊就开发了自动定价工具，可以实时搜寻网页、收集各方同类产品的定价，并且能自动调整自己产品的定价，确保亚马逊的产品价格始终最具竞争力。

一次高管会上，有人问贝佐斯，要是市场上某种产品虽然有更低的价格，但实则没货，亚马逊是不是就不需要下调该产品的价格了？对于那些真正着急想买该产品的客户而言，就算亚马逊的价格高一点儿，他们也只能从亚马逊买。这个问题合情合理。总之，能赚的钱为什么不赚呢？对此建议，贝佐斯断然拒绝了。他说，即便客户这次出于无奈被迫接受了亚马逊更高价格的产品，这种不好的感觉也会持续很长时间，会有损客户对亚马逊的信任。利润事小，信任事大。

在亚马逊，突发事件会按照严重程度分为 5 个等级，一级最高，五级最低。在此之外，还有一种情况，一旦发生，相关人员就得放下所有工作，马上投入“战斗”。这种情况就是贝佐斯的问号邮件。为了直接听到客户的声音，贝佐斯很早就公开了他的邮箱。只要客户愿意，遇到问题可以直接向贝佐斯投诉。如果问题严重，贝佐斯会在邮件上加个问号，然后直接转发给相关人员。相关人员如果收到贝佐斯的问号邮件，不仅要快速解决，还得找到造成此类问题的根本原因，从根源上杜绝此类问题的再次发生。贝佐斯这么做，就是为了确保亚马逊内部，尤其是高层管理者能够真正听到客户的声音。

唐明伟在微信群里回了一个大大的“赞”后，问杨景：“杨老师，你们有什么好的方法与工具来帮助我重塑内在假设并做出行为上的改变吗？”

杨景回答：“有的，唐总。自我察觉是改变的第一步，我们会通过‘360 度反馈 + 专业教练访谈’的方式帮助您找到主动行为背后的内在假设，从而触发改变之旅；再辅以专业教练与反馈工具，帮您接纳和调整自己的认知与反应，并且进行行动的干预与改变。”

查晓丹补充：“如果我们全心投入，用 100% 的专注和精力去改变行为习惯，就会生发出一股势不可挡的力量，而不再是所谓的积重难返。我们会改变环境，而不是被环境左右。周围的人会感受到我们的改变，这也是成为触发他们改变的诱因。”

唐明伟高兴地说：“太好了，这正是我想要的效果。”

刷新 干部是文化的传承者

主题演讲的第三讲的题目是《干部是文化的传承者》。查晓丹说：“企业文化是由企业各级干部（也就是管理人员）设定的，是各级干部的基本假设在企业中的反映。如干部对员工人性假设的不同会导致采用不同的领导风格，从而在企业内部形成不同的文化氛围。据此，我们认为企业文化建设的难点不是将企业价值观转变为全体员工的基本假设，而是将其转变为干部的基本假设，进入干部的潜意识状态，干部在潜意识状态下的行为方式体现的价值标准将会形成员工行动的框架。”

李步青赞不绝口：“妙语，妙语！”

查晓丹继续说：“所以，干部是企业文化真正的传承者，是企业文化建设的关键。如果企业的价值观不能转变为干部的基本假设，全体员工就无法形成相对统一的基本假设，更无法建立强势的企业文化。”

赵晓园也没闲着，说：“查老师这句话也是‘金句’。”

查晓丹说：“相反，企业价值观和干部基本假设背离，就会引起员工思想上的混乱，导致企业凝聚力下降，削弱企业的竞争能力。干部遵循什么原则，干部有什么样的理念与行动，这个企业就有什么样的文化！”

邹琴也接过了话茬：“查老师这话真是讲得很透彻。记得有位企业家曾经说过，领导者一定要为你的团队确立价值观，要和手下的人约法三章，当公司价值观定型后，任何违背价值观的决策都会动摇公司的发展方向与基本运营。为此，管理层应当注意不要做出与公司价值观相互冲突的决策。因为这会让员工无所适从，从而导致公司规章制度变得难以执行。这就要求干部本身就要牢记企业价值观，在行动中以身作则，持续强化，才能在工作中、决策中不偏离方向，才能带领团队走正确的路。”

赵晓园附和：“邹大美女也有‘金句’啦！”

查晓丹接着说：“如果一个企业的干部都是一些节俭的人，通常，这个企业也会比较注意成本，例如亚马逊。Kuhne · & · Nagel 公司的创始人 Kuhne 是德国最富有的人之一，但他在会议厅接待客户时，第一件事情不是与客户握手，而是通常会先将会议厅里的灯关掉，如果那天天气好不需要开灯的话。”

赵晓园对 Kuhne 的举动啧啧称奇。

查晓丹又说：“相反，如果干部不是十分节俭的人，那么，企业即便有很多规定也不能改变整个企业铺张浪费的习惯。”

唐明伟在微信群发了一个微笑的表情。

最后，查晓丹说：“企业中的干部是企业利益的代表，是团队最终的责任者，是下属发展的赋能者，是新观念的开拓者，是规则执行的督导者。因此，在企业文化建设中，每一位干部能否把握好自己的管理角色，实现自我定位、自我约束、自我实现，乃至自我超越，关系到企业文化建设的成败。”

接着，查晓丹给大家推荐了一个管理工具—— CAR 模型。所谓 CAR 是文化（Culture）、行为（Action）、结果（Result）3 个英文单词的首字母，意思是每次团队遇到事情，就需要通过 CAR 模型进行复盘，解释与强调企业文化的重要性。以此启发员工用结果解释行为，用行为去诠释价值观，通过不断的解释来强化价值观，达到员工的“知行合一”。然后，查晓丹讲了戴尔公司的 HR 如何影响管理者、推动文化落地的案例。

查晓丹说：“HR 的核心工作之一便是协助管理者率先成为企业文化的践行者。于此，员工才会拥有较强的认同与感知度，进而学习效仿，将企业文化推向一线。戴尔公司用一个问卷、一场会议推动干部成为企业文化的践行者、传承者。”

戴尔公司 HR 如何影响管理者、推动文化落地

1. 年度组织调研为管理者提供反馈，确保其行为与文化价值观及领导力准则一致。戴尔公司的年度组织调研——“告诉戴尔”是该公司全年中最为重要的项目之一，公司高度重视，旨在通过第三方调研机构对“我的领导”“我们的文化”“我的戴尔体验”“我的部门”及“告诉我更多”等一系列主、客观问卷进行匿名调研。结果会与外部市场与内部往年得分进行对比分析，挖掘内部差距及机会，诊断领导力与员工士气。该项调研中有一个核心指标——“eNPS”（员工净推荐指数），实则只有一个问题：你是否愿意推荐身边的朋友来戴尔公司工作？该问题的分数直接反映员工对公司的认同感。这项指标与“我的领导”项下的得分与管理者的升职加薪有直接关联。

员工的感受直接来源于团队领导，管理人员一定程度上就是所在团队文化的缔造者。所以，“eNPS”对管理人员而言，意味着他是否及时传递了戴尔公司的信息，令员工对戴尔公司保持良好愿景；是否营造了良好的氛围，使员工对团队充满信任等。这是员工乐于在此工作或推荐他人前来工作的直接原因。

“我的领导”及“领导力准则”测评则更直观地呈现管理人员在工作中的优势与待发展区域。团队成员除了回答针对领导者行为的问卷之外，还要对上级领导的 7 个领导力准则进行打分，选出做得最好和有待提升的方面。

每年调研结果出炉后，HRBP 都会协助管理者解读各项结果，召开“告诉戴尔”结果解读会，与管理者一起发掘改善机会点，鼓励管理者与团队成员展开后续对话，与团队成员分享管理者自身的行动计划并定

期追踪复盘。

连续两年在“eNPS”和“我的领导”得分低于指导线的领导会被重点关注，并且戴尔公司会考虑是否将其调岗或转为个人贡献者。

2.“领导融合”会议，领导力诊断与团队融合的工具。“领导融合”是戴尔公司面向领导的管理工具之一，能够帮助经理认识自己的优势和不足，促进与团队成员的融合信任。“领导融合”的主要面向对象是入职 3~6 个月的新经理，包括新晋经理、加入新团队的经理和新进入戴尔公司的经理。随着需求增加，该工具的使用范围逐渐拓宽，比如也会用在上述“告诉戴尔”的结果诊断中。当经理在“我的领导”项目中得分较低，提出改进需求后，HR 人员便通过“领导融合”帮助其组织团队会议，收集反馈与建议，建立与团队成员的联结和信任。

首先，管理者召集团队成员举行会议。为避免难以获得真实反馈的情况，管理者仅在会议开始时简单开场，之后便交由 HR 主持。HR 将事先设计好的问题一一抛出，向团队成员收集反馈意见，如你是否了解你的经理（他的工作方式、开会频率、加班要求等）、团队挑战、你需要的支持、你给领导的建议、你自己的承诺等。这些结构化的问题配合第三方 HR 中立又轻松的主持能够快速激发参会者的积极性，引申出更多问题及对解决问题方式的讨论。

会议结束后，HR 将会议结果整理好后与经理共同分析。明确其被团队成员认可和被期待改善的行为，便于该经理在日后工作中提高、改善自己的工作绩效；同时，HR 也会指出其此前未涉足的领域，鼓励其勇敢尝试，突破自我。沟通之后，经理需写出行动计划，并且与团队所有成员沟通心得、澄清误会、解释现象背后的原因、分享自身改进的措施等。真诚的互动可以让团队成员加强与经理之间的联结，对日后的团队合作、企业文化建设、信任度加深等均有帮助。

在不同团队实践这个项目，折射出的共同问题能为HR捕捉并反馈给高层管理者，从而寻找到合适的方式解决不同团队的相同“痛点”，增加员工对戴尔公司的认同感和归属感，增强企业内部的凝聚力。

微课结束，“鲜花”与“掌声”一片，点“赞”满天飞。

第八章

“入模子”

刷新 文化形成要与HR管理相结合

“CEO的思想到位了，文化转型的事情就成功了一半！”李步青抑制不住兴奋，在五人小组微信群里向杨景、查晓丹两位咨询顾问连连道谢。

赵晓园问杨景：“解决了CEO的问题，下一步就是员工了吧？”

杨景回答：“是的，解决员工个人与企业文化的联结与融合问题。”

赵晓园追问：“有什么方式方法？”

杨景回答：“我在这里引用某知名高管曾经说过的一句话，文化怎么来的？一靠考核，二靠训练。”

邹琴有点惊讶，内心在想：“一靠考核，二靠训练？这也太简单了吧？难道杨老师在敷衍我们？”

杨景接着说：“考核与训练是最重要的。当然，还有其他的管理工具可用，其目的就是建立起员工个体与企业使命、价值观之间的联结与融合，实现从认知到认同的目的，最后内化。”

赵晓园问：“具体该怎么做呢？”

查晓丹接过话题，说：“一是在员工的招聘录用上，应该考虑价值观上的一致性测评。二是在教育训练、培训开发上，应该强化员工对企业文化的认知与认同。以上这两种方式就是柳传志所说的‘入模子’。三是在考核与激励方面，应该通过考核项目的设置与奖励标准的设定，告诉员工企业提倡什么、反对什么。四是通过必要的流程和制度落实公司的价值观。当然，方式方法还有很多，其目的都是增强员工与企业文化的联结与融合。接下来，我给大家讲一个海底捞如何打造情感型文化的例子。”查晓丹话音未落，五人小组微信群里鲜花与掌声的表情满天飞舞，很是壮观。

海底捞如何打造情感型文化

1. 选拔、培养有感恩之心的员工。海底捞的员工对企业有感恩之心，这是支撑海底捞高效率、高质量服务的根本。所以，怎么样招聘、培养和提升拥有感恩特质的员工就是关键。海底捞在提拔某个员工到重要岗位时，CEO 张勇往往会到员工家里做家访，以确定该员工是不是真的符合企业所需要的特质。

2. 营造大家庭的氛围。情感型文化的核心理念是大家庭主义，即员工都以所在的企业为家，同事之间都培养出类似于兄弟姐妹之间那种亲密的感情。海底捞鼓励员工介绍自己的亲人、朋友到海底捞工作，从一定程度上推进了这种家庭氛围的营造。

3.“传帮带”的固有习惯传承。在海底捞，每个新员工都会安排一个师傅“传帮带”，师傅负责把新员工引进门，文化的传递由此而达成。能够成为师傅的员工一定要有特别的资质，比如年资长、表现佳、与企业文化融合良好等，不至于使杂音在新员工的耳朵里出现。

4. 员工自主性的激发。海底捞通过有效的授权和放权来激发员工的自豪感和凝聚力。区域经理有百万元以上的自主权；普通员工能够根据情况判断，自主决定是不是可以给顾客免费送一些小菜，甚至于对不满意的顾客免单——不会因向上请示耽误时间，因而能及时避免顾客抱怨。这种自主权能使员工产生企业主人翁的自豪感，对海底捞的归属感会更加强烈。

5. 拒绝“空降兵”，坚持内部选拔。海底捞设置了管理、技术和后勤 3 个晋升体系，让员工有充分的发展空间。更加重要的是，其干部和重要岗位的员工都必须从底层做起，从为客户直接服务做起（财务和工程岗位除外）。海底捞对“空降兵”很排斥，这也是能保持文化血统纯正的必要手段。但是，这种自己培养人才的方式会使人才聚集速度变慢，成为影响海底捞扩张的最大因素。

6. 追求顾客和员工满意度，而不是利润。海底捞对每个分店的考核只注重两项指标，即顾客满意度和员工满意度。在海底捞的文化理念里，只要顾客满意了，员工满意了，利润不是问题。考核店长利润是不合理的，因为在做到高顾客满意度和高员工满意度的前提下，利润就只跟大环境的好坏、店址等因素相关，而这些因素是店长没法控制或影响的。

7. 弱化冷硬的制度流程，强化内部沟通和创新。海底捞的制度流程都尽量不用文件传达的方式来下达，而是由带班班长或店长开会传达并展开讨论，对每项新制度、新措施的精神和理念剖析清楚，让基层员工明白新制度实施的原因和必要性。

8. 鼓励全体员工创新，提出改进建议。在海底捞，员工按惯例会定期总结、讨论近期内服务顾客的满意度情况，找出不足和差距，提出改进措施。有些好的改进措施会在全企业推广，被全企业推广的措施或方法会以提出该建议的员工的名字来命名。

赵晓园听完案例，若有所思，说：“当下，有些企业对企业文化建设非常迷茫，企业主总是抱怨员工不懂得感恩，他们唯一能想到的提升方法竟然是找外部讲师给员工上‘感恩’课。现在看来，这是多么可笑啊。因为感恩是教不出来的，而是企业培养出来的。再说了，一个企业不应该让员工感恩企业，相反，应该是企业感恩员工。”

查晓丹回应：“晓园说得非常对，应该是企业感恩员工。当然，如果想打造‘目标型’文化，完全可以对海底捞这些具体的措施无视。但是，这个案例却给我们很多启示，毕竟方法是相通的。”

邹琴说："看来，企业文化的建立和重塑要结合人力资源管理工作了。"

查晓丹回答："是的。因此，企业文化的形成在很大程度上要与人力资源管理工作相结合。如此，才能将抽象的价值观与具体的行为相结合，真正得到员工的认同，并且由员工的行为传达到外界，形成企业内外部获得广泛认同的企业文化。"

刷新 聘用和留住符合价值观的人

赵晓园问："刚才，查老师说要在员工的招聘录用上考虑价值观上的一致性测评？"

查晓丹回答："是这样的。"接着，她给大家讲了阿里巴巴的案例。

"阿里巴巴资深副总裁、CHO 暨阿里巴巴影业公司 COO 邓康明曾经表示，阿里巴巴招聘新员工时主要看他们本身是否诚信，是否能融入阿里巴巴，能否接受阿里巴巴的使命感和价值观；业务问题并不是最重要的考虑因素。

"选择价值观与企业相近的人才，可以提高人才的'存活率'，给后续工作减少不必要的麻烦。如果做事理念与发展目标存在根本差异，工作肯定会因激烈摩擦而进展困难。

"的确，留在阿里巴巴的员工都是认同阿里巴巴文化价值观的人，会坚持贯彻阿里巴巴的基本原则和愿景目标，也不容易被竞争对手'挖墙脚'，也不会在阿里巴巴困难时退缩、阿里巴巴复兴后出来'摘桃子'。所谓'三观比五官更正'就是说相同志向的人才能始终保持一致的愿景、才更重要。"

赵晓园说：“是这么个道理。但是，具体要如何操作呢？”

查晓丹回答：“分两步。一是明确人才任用标准，二是专门进行价值观测评。”

邹琴说话直接：“这个流程我们都知道。关键是人才标准怎么设计、价值观如何测评？”

杨景回应：“人才任用标准怎么设计？我给大家讲两个案例，大家就明白了。”

扎克伯格的清单

Facebook 发展初期，扎克伯格专门跟其他 CEO 讨论问题，询问他们在微软、苹果等公司时，早期是如何建立企业文化的，以及如何跟别人解释企业文化。其中有一项最棒的建议，是写下一份清单来解释“成为我们的一员意味着什么”。扎克伯格用 10 分钟列出了这份清单。这份清单包括超高的智商、强烈的目的、不断追逐成功、争强好胜、要求高、接近完美、喜欢改变和颠覆事情、总有新点子，以及知道如何把事情做得更好、人要十分正直可靠等。

扎克伯格发现，这份清单甚至是对 Facebook 早期文化的简单描述，也是扎克伯格自己最好的“自画像”。

赵晓园顿悟：“价值观也就是对人的要求。我们为每一个价值观都附注了行为准则，这个行为准则其实就是人才任用标准。”

杨景在五人小组微信群里回了一个大大的“赞”，接着，他讲了第二个案例。

微软重新定义人才标准，助力文化变革

鲍尔默时代的微软，患有严重的大公司病：各个部门各自为战、互抢资源，“公司政治”已经掩盖了客户的声音。这种情况一直持续到2014年新CEO纳德拉上任。在此之前，微软不仅错过了社交媒体、移动互联网的发展风口，还在搜索、浏览器、音乐播放器、客厅网络等领域落后于谷歌、苹果、奈飞。

2014年，新CEO纳德拉上任之前，微软原本的文化价值观是：员工需要向他人证明自己的实力；绩效指标和任务完成度被放在首位；会议不容出错；阶级制度明显。以上的文化价值观充斥着低协作、各自为战工作的态度，而且会压制员工的创造性。

纳德拉上任的第一天就宣布确立微软“移动为先、云为先”的企业愿景，并且宣布用5年时间实施云战略。纳德拉同时提到，“我把改造公司文化列为首要任务，我要重新发现微软的灵魂，重新发现我们存在的理由”。

纳德拉开始重塑微软的文化价值观：①寻求包容、容纳多元化的观点与见解，替代以前的官僚体制和不容出错的心态；②以客户为中心，尽可能地满足客户的需求，让公司把更多的关注重点放在客户身上；③鼓励创新与合作，培育员工的成长性思维，让员工更好地对不确定性做出反应。同时，纳德拉提出了微软的新使命——“赋能地球上的每个人和每家组织，帮助他们取得更多成就”。

微软新的文化价值观是如何落地进而驱动战略转型的呢？微软做的第一件事情就是重新定义人才标准。

纳德拉上任后开始推行成长型思维的文化，鼓励每名员工在组织中持续成长。他对成长性思维有3点理解：第一是不断学习，员工要向外界学习并将学到的东西带到微软来；第二是主动寻求多样性，多样性可以让企业在决策阶段获取更多维度的信息，从而减少偏见、以更开放的态度来处理问题；第三是员工的创新和沟通能力是让微软内部更加有效联动的有效手段之一。

微软的人才团队将成长性思维纳入人才标准，并且对“人才盘点”流程进行修改，形成了“人才谈话”机制。每年，纳德拉和他的高管团队都会与各个部门的负责人展开“人才谈话”，讨论如何在团队中提拔员工、提升员工的能力及让他们积累经验，落实成长性思维。微软还设计了衡量成长型思维的各种指标，并且进行定期的调查。后来，微软内部成长型思维的测评结果一直保持在78%~80%之间，这证明成长型思维已经成为微软不可或缺的一部分。

讲完两个案例，杨景对赵晓园说：“微软以员工是否具有成长型思维作为他们的人才任用标准，以此来配合企业转型后的战略。那么，如何测评、如何识别呢？我也给大家举两个例子，大家自己体会。”

阿里巴巴的“闻味官”

“闻味官”是阿里巴巴的创新设计，用来考察求职者的价值观并选择出与阿里巴巴价值观相匹配的新员工。

尽管阿里巴巴需要那些有能力胜任各种工作的人才，但在选择测试中，能力也仅仅是一个必要但不是决定的因素。2009年，阿里巴巴成立10周年之际，阿里巴巴在全国展开了一次大规模招聘活动，这次招聘活动的不同之处在于“闻味官”的加入。

如何在面试时测评价值观

某企业有一个职位，进入最终面试的有A、B两人。于是，面试人员与两人有了如下的一段对话。

面试人员的第一个问题："你们有哪些爱好和兴趣呢？"

A："我喜欢爬山、游泳之类的边走边玩的活动，可以放松自己，也可以适当地健身。平时，我只要有时间就去深圳的景点游走，大梅沙、梧桐山、葵涌都去过了。每去一个地方，我都会在那里寻找个有纪念意义的物品；同时，也留下一个标识，便于以后故地重游。"

B："我的爱好很多。但是，我最喜欢的还是做菜。只要是双休日或节假日，我就喜欢把同事们约起来聚会。我一个人在深圳，有空的时候，把同事们或朋友们聚来吃个饭、聊聊天，也是一种幸福。"

面试人员的分析：A喜欢旅行，喜欢自由，会自我思考、自我感悟；B喜欢做饭，喜欢约同事聚会，说明他喜欢热闹，人缘不错。

面试人员的第二个问题："说完了你们的爱好和兴趣，我也分享分享我的爱好。我喜欢看书。"于是，面试人员开始介绍自己的阅读心得。然后，他又问两人："你们最近读过什么书，喜欢读什么类型的书呢？"

A："我常看自我管理、自我提升这类书籍，这几天在看《自信力：成为最好的自己》，想提升一下自己的自信心。"

B："我一直喜欢看商界领袖的传记。最近在重温杰克·韦尔奇的《赢》。"

面试人员的分析：A喜欢思考，希望提高自信心、改变自己；B看商业传记，想以成功人士为榜样，事业心强。

面试人员的第三个问题："你们晚上看电视吗，喜欢看什么样的节目？"

A：“现在工作忙，看得少，看科技频道的节目多一些。”

B：“我喜欢看凤凰卫视中文台的新闻和时事热点问题等节目。”

面试人员的分析：结合前面两个问题，基本上肯定A的性格偏内向和自我，爱思考；B的性格相对外向，有进取心。

说完上面这个案例，杨景问大家：“通过第二个案例，大家可以看出A、B两个人的价值观是什么了吧？”

邹琴回答：“是的，可以看出来了。主要是问一些让应聘者觉得‘两难’的情境问题就可以考察出他的价值观取向。”

交流结束，赵晓园便给自己安排了两个任务。第一，将北锋公司的新价值观转化为全体员工能力模型及面试题，用于新员工招聘时的价值观测评；第二，根据北锋公司的“两化”战略修订北锋公司的领导力模型，形成新的干部任职标准。第一项工作相对简单一些；第二项工作与其说是修订不如说是重做，毕竟北锋公司的战略和外部环境及价值观都发生了变化。

刷新 培训是文化转型的基础

邹琴闲不住，她问杨景、查晓丹两位老师：“不管人员甄选做得如何出色、测评如何科学，新员工入职后都会难以完全适应企业文化。也许，最重要的是他们对企业文化不太熟悉，对吧？”

查晓丹回答：“是的。因此，公司要帮助新员工适应企业文化，这种适应的过程就是培训，就是让新员工成为‘北锋人’或新员工‘北锋化’的过程。”

邹琴回应：“查顾问终于讲到我负责的领域了。那我应该做些什么呢，应该怎么做呢？”疫情导致北锋公司经营困难，每个人都想为北锋公司出一份力。

查晓丹想：对于一些专业的人力资源人士，讲理论、讲方法不如给他们讲案例。于是，她索性拿掉PPT，对邹琴说：“我们来看看几个公司的例子，看看他们是怎么通过培训来重塑企业文化的。”

邹琴很是高兴：“太好了。他山之石，最佳实践。”这正是邹琴想要的。

查晓丹讲的第一个例子是英特尔。

英特尔如何让所有员工认同价值观

英特尔是一个跨国企业，员工有不同的文化背景，对企业价值观可能有不同的理解，如何让所有的员工认同英特尔的价值观并保证大家对企业的价值观有一致的理解？英特尔的做法是这样的。首先，完善的培训。英特尔有3类培训课程：技术类，个人技能类，企业文化价值观类。他们会引导员工如何理解英特尔的价值观并传授相关技巧。比如，他们在倡导“注重结果”时，强调“建设性对抗”。做事情难免要和别人发生冲突，他们会教员工一些有效的沟通工具，使大家冲突后仍能保持团队的和谐。另外，英特尔在中国创办公司之初，创业核心小组不仅把先进的技术带进中国，也把英特尔的价值观移植了过来，这些小组成员都是资深的英特尔专家。员工从他们身上看到了英特尔的做事方法，会有潜移默化的效果。

价值观的教育需要一个过程。英特尔不会强迫员工去做，而是会对员工说：如果你要在英特尔成功，一定要这样做。当员工心里有这个理念后，英特尔会再教员工一些工具帮助他这样做。在英特尔工作的员工会有一种强烈感受：我被“英特尔化”或我成为“英特尔人”了，指的就是这个熏陶过程。

在英特尔做事看结果。有了结果后，还要看是否符合英特尔的价值观。他们各种各样的奖励，是鼓励既符合英特尔的价值观又有突出成果的行为，使员工以此为榜样。颁发的奖状中会列出英特尔的6个价值观，会在获奖员工行为符合的价值观上“打钩”，以表彰其价值表率作用。

除了公司层面的奖项外，英特尔的员工之间也会颁发“自发贡献奖”，可以自行制作印有6个价值观的小奖状，到所需感谢的对方员工的部门会议上去颁发。

查晓丹讲的第二个例子是IBM。

IBM培训学院的企业文化培训

IBM创办了IBM培训学院，小华森指出：“学校的每一样东西都能激发忠心、热忱与崇高的理想。”20世纪30年代，IBM就已经完全规划好它教导、培训员工并使之“IBM化”的战略。他们创立了一所学校，用来培养未来的新员工，学校的前门刻有在IBM无处不在的“思考”一词，每一个字母都非常高；一走进学校，迎面而来的是花岗岩的楼梯间，意在让新员工踏着楼梯去上每天的课程时产生一种奋发向上的感觉。老资格的IBM员工穿着“中规中矩的IBM服装”负责授课，强调

IBM 的价值观。每天早上，新员工们在四周贴满 IBM 各种座右铭的标语和口号的环境下站立起来，选唱《IBM 歌曲集》里的歌曲。IBM 的新员工都要学习“三项基本原则”，经历强调 IBM 哲学和技术的培训课程，IBM 期望他们展现专业精神。

听完两个案例，邹琴已经有点感觉了。

查晓丹讲的第三个例子是松下电器。

松下电器的“松下精神”的培训

每一个即将走上松下电器工作岗位的年轻人，必须首先接受职业道德、经营思想、集体意识、自我修养的集训，进行语言、待人接物的礼节教育，考试合格后才能录用。松下电器还特别重视对员工进行价值观教育，即“松下精神”的培训，其培训方式如下所述。

一是反复诵读和领会。松下幸之助相信：把松下电器的目标、使命、精神和文化以书面文字的形式固定下来，让员工反复诵读和领会，是把它铭记在心的有效方法。所以，每天上午 8 时，松下电器遍布日本的 87000 名员工同时诵读“松下七条精神”，一起唱公司歌，其用意在于让全体员工时刻牢记松下电器的目标和使命，时时鞭策自己，使“松下精神”持久发扬。

二是所有成员每隔 1 个月至少要在他所属团队进行 10 分钟的演讲，说明“松下精神”和松下电器与社会的关系。松下电器认为，说服别人是说服自己最有效的办法。

三是隆重举行新产品的出厂仪式。松下电器认为，当某个集团完成一项重大任务的时候，每个集团成员都会兴奋不已，因为他们从中可以看到自身存在的价值，而这时便是对他们进行团结一致教育的良好时机。所以，每年1月，松下电器都要隆重举行新产品出厂庆祝仪式。这一天，员工身着印有松下电器名称字样的衣服大清早来到集合地点，松下幸之助向全体员工发表热情洋溢的演讲后，员工分乘卡车，满载着新出厂的产品，分赴各商店，商店热情地欢迎并接收松下电器的新产品，松下电器的员工拱手祝愿该店繁荣。最后，员工返回松下电器，举杯庆祝。松下电器相信，这样的活动有利于发扬“松下精神”，统一员工的意志和步伐。

四是“入社”教育。进入松下电器的人都要经过严格的筛选，然后由人事部门开始进行公司的“入社”教育。首先，要诵读、背诵“松下宗旨”“松下精神”，学唱《松下电器之歌》，参加松下电器创业史展览活动。为了增强新员工的适应性，也为了使他们在实际工作中体验“松下精神”，新员工往往被轮换分派到许多不同性质的岗位上工作，所有专业人员都要从基层做起，每个人至少用3~6个月的时间在装配线或零售店工作。

五是干部的教育指导。松下幸之助常说：“领导者应当给自己的部下以指导和教诲，这是每个领导者不可推卸的职责和义务，也是其在培养人才方面的重要工作之一。”松下电器实行终身雇佣制度，认为这样可以为松下电器培养一批经过二三十年锻炼的干部，这是发扬松下电器传统的可靠力量。

六是自我教育。松下电器强调，经营者要给员工以信赖，人在被充分信任的情况下才能勤奋地工作。从这样的认识出发，松下电器把在员工中培育“松下精神”的基点放在自我教育上，认为教育只有通过受教育者的主动努力才能取得成效。上司要求下属要根据“松下精神”做自我剖析，确定工作目标。每名松下电器的员工必须提出并回答这样的问题——“我有什么缺点”“我在学习什么”“我真正想做什么”，等等。以此设置自己的目标、拟定自我发展计划。有了自我教育的强烈愿望和具体计划，员工就能在工作中自我激励、思考如何创新及在空余时间自我反省、自觉学习。为了便于互相启发、互相学习，松下电器成立了研究俱乐部、学习俱乐部、读书会、领导会等业余学习组织。

查晓丹讲的第四个例子是迪士尼。

迪士尼的新人培训

只要是迪士尼的员工，不管是什么职位或处在什么岗位，都参加过迪士尼大学的新人培训（也叫作迪士尼传统）课程，这个课程的目的是向新员工介绍迪士尼的传统、哲学及组织和做生意的方式。

培训师：“我们从事什么事业？每一个人都知道麦当劳做汉堡包，迪士尼做什么？”

新员工：“我们做的就是让大家快乐的工作！”

培训师：“对，完全正确！我们让大家快乐。不管是谁，说什么语言，从事什么行业，是哪里人，或者有什么其他的差别，他们来到这里，我们就要让他们快乐……我们当中的每一个人都应在我们的戏里演绎一个角色。”

新员工培训安排在特别设计的教室里进行。培训教室里贴了很多照片，全都是公司创办人沃尔特·迪士尼和公司最有名的角色，如米老鼠、白雪公主和七个小矮人等。这些照片意在创造沃尔特·迪士尼本人亲临现场欢迎新员工的感觉，好让新员工觉得自己和迪士尼的创办人是伙伴。新员工要学习迪士尼大学的教科书，书的内容包括下面这些警语：“我们在迪士尼乐园会很疲倦，但永远不能厌烦。即使一天下来很辛苦，我们也要表现出快乐的样子，必然展现真诚的笑容，必然发自内心……如果什么忙都帮不上，请记住——我领薪水是来微笑的。”

经过培训，每一个新“演员”和一位有经验的同事搭档，接受进一步的社会化培训，以便了解工作的精微之处。从里到外，迪士尼推行严格的行为准则，要求新“演员”迅速磨掉不符合个人特定角色的个性。

为了进一步加强新员工行为的一致性，迪士尼鼓励新员工闲暇时间待在一起。迪士尼设有排球场、开办了垒球俱乐部，也会经常举办办公室野餐会、员工乐园之夜、海滩宴会等活动，这些活动为年轻人提供了充分的社交机会，同时也限制了他们接触非迪士尼文化的机会。

新员工经过培训之后，都认为自己工作时真的是在扮演某种角色。之后，他们进入角色就轻车熟路了。

交流结束，邹琴主动对李步青说：“李经理，我会在1个月内开发出4门北锋公司的新文化线上课程。一周一课程、一课一考试，并且一周一上线。同时，为了配合公司‘两化’战略，我也想引进有关数字化与服务化方面的在线课程，争取‘两化’专题在线课程3月初就上线。”

李步青夸奖邹琴：“你想得很周到嘛，很好！”毫不吝啬自己对下属真诚且发自内心的赞扬。

第九章

考核与激励

刷新 考核结合激励，能明显促进员工行为转变

3月下旬，正是北锋公司上上下下准备第二季度绩效合同的时期。但是，今年受疫情影响，第一季度的考核无法正常进行（年初设定的目标没法实现），只得取消。

第二季度即将到来，疫情什么时候结束，员工能不能正常来公司上班，停滞的项目能不能复工，销售工程师能不能出差去拜访客户？一切都不确定。第二季度的绩效合同签什么还真是一个问题。好在，公司"两化"战略已经发文，战略地图、平衡计分卡与北锋公司2020—2022年的3年战略目标表已下达至全体员工，并且也明确了2020年10项具体任务及这些具体任务的责任部门、时间表与验收标准。李步青紧锁的眉头终于舒展开来。

在五人小组微信群里，李步青看到查晓丹贴上的一张图，图上是杰克·韦尔奇说过的很长的一段话："价值观与行为准则的清晰、细致表述固然重要，如果不能在实践中得到坚决贯彻，那也没多大用处。要想让价值观真的被大家重视，公司应该奖赏那些品行突出、实践了价值观的员工，'处罚'那些与之相悖的人。这有助于企业的成功。在过去10多年的历次年度调查中，员工都反映说，我们的公司正在日复一日实践自己所奉行的价值观。这种大环境也会使得每个人都更加忠实于企业的理念。随着员工满意度的提高，我们的财务指标也同样稳步增长。"

李步青看完心头一震，企业文化重塑应该在考核与激励上动动脑子了。于是，他和杨景、查晓丹及赵晓园、邹琴讨论起有关企业文化重塑与考核、激励等方面的事情。

杨景与查晓丹没给他们任何具体建议，但给他们讲了两个例子，给"渔"不给"鱼"是SZ咨询公司的一贯风格。

京东的价值观行为积分卡

2019年，京东第四次优化了企业文化理念，优化后的企业文化理念如下所述。

使命：科技引领生活。

愿景：成为全球最值得信赖的企业。

核心价值观：客户为先，诚信，协作，感恩，拼搏，担当。

为了保障企业文化落地，京东开发了价值观行为积分卡。

价值观行为积分卡是京东各级管理者以STAR原则和京东价值观为工具，对符合价值观的优秀行为给予认可和激励的文化落地项目。意义在于形成京东的企业文化在员工行为层面的风向标，促进雇主品牌建设；加强管理层和员工对京东的企业文化的参与度并提供在文化层面的管理工具。

价值观积分卡的发放规则：由M序列和P/T序列中带M级别的管理人员以季度为周期发卡，每季度可发3张，须在当季全部发完，未发完作废；卡片在同一季度内不能重复发给同一员工（不同行为和事迹除外）；可发给本部门和协作部门的同级或下属，严禁发给上级；特别突出的行为和事迹可向上级推荐，一个事例可被不同级别管理者授卡。各级管理者的单张积分卡对应不同的分值。

京东的价值观积分卡计划每季度统计 / 评比一次，价值观积分卡可用于购买京东自营商品，也可以1：1兑换现金，以及兑换其他机会和福利。

宝洁采用绩效考评与激励策略强化员工核心价值观

《基业长青》一书在谈到宝洁公司采用绩效考评与激励策略来强化员工的核心价值观时说：在进步的员工薪资福利方面，宝洁公司有着悠久的历史记录，这些计划使员工和公司紧密地结合在一起。1887 年，宝洁公司推出员工分红计划，是美国产业界持续不断的最古老的分红计划。1892 年，宝洁公司又推出员工入股计划，是产业史上的先驱之一。1915 年，宝洁公司率先推行全面疾病、残废、退休、人寿保险计划的做法。宝洁公司不但将这些计划作为奖励员工的手段，也作为影响员工行为、获得员工忠心奉献和确保员工严密契合公司核心价值观的方法。宝洁公司一份内部报刊描述了他们如何运用早年的分红计划激励员工："对于更加努力工作这件事情表现得漠不关心的员工，应该取消他们原本可以享有的红利，这些人的红利应该转发给其他关心这件事情的员工们。所以，我们根据经理们评定的员工合作程度，制订了 4 个分红的级别，这样做大有帮助，可以确保员工形成正确的工作态度。"

宝洁公司还利用员工认股计划鼓励员工购买公司的股票，促使员工在心理上高度认同公司。1903 年，宝洁公司为了强化员工入股办法，对分红计划订出限制，规定只有愿意承诺购买相当大笔股票的人才能分红。宝洁公司说："分红要直接和员工持有宝洁公司普通股票的计划相结合。想要有资格分红，员工必然购买现值相当于他一年工资的股票。不过，可以分批次付款，一次最少要付出他年薪的 4%；同时，公司会资助员工工资的 21%，让员工购买那笔股票。"

到 1915 年，共有 61% 的员工参加了员工入股计划，也因此从心理上成了宝洁公司完整的成员。

查晓丹总结："一个企业希望有什么样的员工行为导向，就要设定什么样的考评与激励项目。想要改变员工的行为，就先改变考评项目与激励计划。要将企业的价值观作为考评与激励内容的一部分，其具体做法是将企业核心价值观用各种行为准则来具体描述，通过鼓励或反对某种行为，达到诠释企业核心价值观的目的。"

刷新 如何对待高绩效、低文化认同度的员工

接着，查晓丹讲了有关 GE 与阿里巴巴进行价值观考核的故事。

"杰克·韦尔奇认为 GE 能够保持持久生命力的唯一方法就是让所有员工成为团队中的一员，并且将自己融入公司的文化价值观中去。GE 的考评是一张二维的表格，一维是业绩或能力，一维是文化认同。据此，GE 将所有员工分为四大类，如图 9-1 所示。

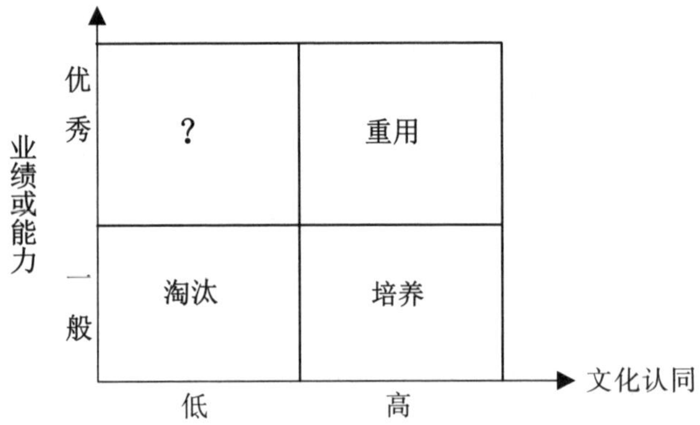

图 9-1　GE 考评矩阵

"第一种类型，高绩效并接受 GE 的价值观的员工。杰克·韦尔奇喜欢这类员工，而且确信他们将留下来，对他们未来的职场发展趋势很容

易判断——继续前进、上升。

“第二种类型，低绩效且不接受 GE 的价值观的员工。他们将被拒之门外。

“第三种类型，低绩效但接受 GE 的价值观的员工。尽管许多企业的 CEO 会觉得这类员工实在让人难以接受，但杰克·韦尔奇认为应该给这类员工机会。对这类员工，GE 会给他们提供机会以帮助他们取得高绩效，而且他们通常会抓住第二次机会。同样的，对第三种类型的员工，杰克·韦尔奇认为这些忠心的 GE 员工可以犯诚实的错误，可以得到第二次、第三次甚至于第四次、第五次的机会。

“第四种类型就是‘？’员工，他们取得了高绩效但不赞同 GE 的价值观。杰克·韦尔奇认为这类员工是最难对付的，如何对待‘？’员工是企业文化建设成败的关键。对于‘？’员工，可以区别不同时期及该员工在 GE 的职位高低、影响力大小而区别对待，但倾向于将其清理出局。特别是那些职位较高、影响力较大的员工，他们的职位越高、影响力越大，对企业文化的破坏作用就越大、越恶劣。

“阿里巴巴也有类似的做法。阿里巴巴觉得，尽管价值观的培训曾经是一种有效的措施，但此时已经不够用了。阿里巴巴开始运用一项新的方法来进行价值观管理，该方法被称作价值观考核，这与那些仅仅聚焦于 KPI 的公司的考核体制非常不同。

“如图 9-2 所示，在阿里巴巴，通过 2 个考核维度——业绩因素与价值观因素，将考核分成了 4 个象限。

“一个人绩效得分高，但价值观得分低，在阿里巴巴不会被认为是一个胜任工作的人，这类员工被比喻为‘野狗’，落在第一象限。相反，一个人价值观上获得高分，但没有取得高业绩，也不合格，会被比喻为‘小白兔’，落在第三象限。

“只有第二象限的员工是被鼓励的，被称作‘阿里人’，价值观和业绩得分都很高。

“当然，没有公司会聘用第四象限中价值观和业绩得分都低的人。

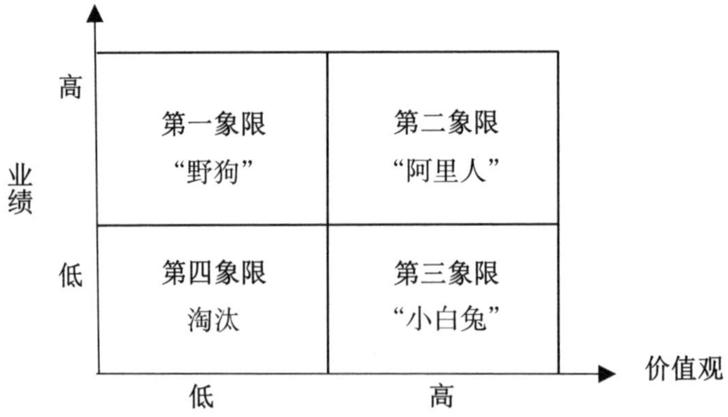

图 9–2　阿里巴巴价值观考核矩阵

“阿里巴巴的价值观考核活动采用‘自评＋讲故事’的方式进行。比如说团队合作，你得讲一件好人好事。比如，我某某时间帮助另外一个团队做了一件我分外的事情，所以，我上个季度的团队合作自评分是3.75。你的上级只能表示同意或不同意。不同意怎么办呢？也得讲个真实故事。比如，刚刚过去这个季度，别的团队请你帮一个并不大的忙，你用种种理由推脱，没有做到。所以，我不认为你的团队合作自评分可以达到3.75分，最多是3.5分。如果上司的真实故事讲的是你不仅不合作，甚至是完全不配合，还拆别人的台，影响到了产品或服务，这就直接违反‘客户第一’和‘团队合作’的价值观了……

“第一次参与阿里巴巴这个考核活动，你会觉得这像小孩子过家家。季度末最后两个星期，眼看要写考评报告了，大家突击做好人好事，主动跑到另外一个团队说，你们最近有什么需要我帮忙的吗？有点形式主义。但是，阿里巴巴的高层认为，大家一年有4次发自内心、迫切地想做好人好事的行为，不是也挺好吗？总比一年当中没人想到去做好人好事要好。好人好事，做做就习惯了，你不做是不会习惯的。他们为什么想做好人好事？因为不做讲不出故事，讲不出故事自评分就没有，自评分没有还真影响自己当季度的考核，当季度的考核一影响还真有可能奖金被打折。”

听完几个故事，赵晓园知道自己第二季度的绩效合同应该增加什么了，增加一个任务——根据北锋公司新价值观优化绩效考核与激励机制，并且学习阿里巴巴导入价值观考核活动，而且权重也是50%。

第十章

制度化与形象化

企业文化是规范管理的结果

对于流程与制度建设，李步青非常熟悉，毕竟他有3年流程制度领域的咨询经验。所以，也就无须杨景、查晓丹两位顾问给思路、讲方法，只需要两位顾问给北锋公司的方案提点意见即可。

五人小组交流的时候，李步青讲了两个故事。

第一个故事讲的是如何分粥。

分粥

7个人住在一起，每天分食一大桶粥。要命的是，每天的粥都分不均匀，人人不满意。

一开始，7个人抓阄决定谁来分粥，每天轮换一个人分粥。7天下来，每个人只有一天是能吃饱的，就是自己分粥的那一天。

后来，他们推选出一个道德高尚的人每天分粥。强权就会产生腐败，大家开始挖空心思讨好这个分粥的人，贿赂他，搞得整个小团体乌烟瘴气。

…………

然后，大家又想出了一个分粥的办法：组成3人的分粥委员会及4人的评选委员会，但大家常常互相攻击，扯皮下来，粥吃到嘴里全是凉的。

最后，有一个人想出来一个方法：轮流分粥，但分粥的人要等其他人都挑完粥后拿剩下的最后一碗粥。为了不让自己吃到最少的粥，每个人分粥那天都尽量分得平均。从此，大家快快乐乐、和和气气，日子越过越好。

讲完故事，李步青总结："同样是7个人，同样是一大桶粥，不同的分配制度就会有不同的风气。相反，要营造特定的风气，就要培育特定的文化，也必须有相应的制度配套。"

第二个故事讲的是MCI通讯公司独特的制度。

MCI通讯公司独特的制度

已故的比尔·迈高文于1968年创办了MCI通讯公司。创建之初，MCI通讯公司就实行叛逆者式的经营。20世纪70年代早期，MCI通讯公司的年销售额仅几百美元，但竟敢状告美国电报电话公司搞电话垄断，试图击败美国电报电话公司。1993年，MCI通讯公司的年总收入达119亿美元，利润高达6亿多美元。

比尔·迈高文认为，资历与对公司的忠心感都不重要。工作5年或工作10年都没有意义。他认为给公司带来新观念和活力的是新员工，是年轻人。与他的这种价值观相一致，MCI通讯公司就有一个规定，在填补职位空缺时，至少50%的职位要外部招聘。而且，员工离职时公司设宴饯行，欢迎他们随时回来。

MCI通讯公司希望自己的员工无拘无束，做事灵活。有些管理人员喜欢奖励那些严格遵守企业规章制度的员工，比尔·迈高文对这种做法很反感，他说："我知道某些人在努力编制《员工手册》，这些天我正想找出是谁在这样干，一旦找到，我就开除他！"

李步青说："上面这个故事告诉我们，不同的文化理念需要不同的流程制度来保驾护航，不同的流程制度则会形成不同的文化理念。文化的重塑是相当缓慢的，注定是一个长期的过程。企业一旦确认新文化的合理性和必要性，在宣传教育的同时便应制订相应的行为准则和流程制度，在实践中不断强化，努力转变员工的思想观念及行为模式，建立起新的企业文化。因此，从这个意义上说，企业文化一般都是规范管理的结果。”

赵晓园回应：“是的。由于人的价值取向的差异性、对企业目标认同的差异性，要想使个体与群体之间达成协调一致的目标，光靠文化管理是不行的。没有制度，即使员工的价值取向与组织的目标高度趋同，也不可能达成行动的协调一致。”

李步青接着说：“查老师说过，企业需要倡导某种文化时，可以通过立典型、搞活动等多种形式来推广、传播。但是，要把倡导的新文化渗透到管理过程中，变成人们的自觉行动，流程制度是最好的载体之一。人们普遍认同一种新文化可能需要经过较长的时间，而把文化‘装进’制度，则会加速这种认同过程。当企业中的先进文化或新文化已经超越制度文化的水准，这种文化又在催生着新的制度。”

看到客户对企业文化的理解越来越深，杨景与查晓丹由衷地高兴。咨询的目的就是不用咨询。

李步青又引用了卫哲在线上课程上讲的一段话。

流程比权力大

对于流程制度，阿里巴巴前 CEO 卫哲讲起他当年在伦敦商学院读书时印象特别深的一句话：“流程比权力大。”

那 CEO 还有什么权力呢？有，可以组织人员改进流程。所以，阿里巴巴合伙人制的另外一个作用是用来制约企业最高管理者的权力的。因为合伙人的本质是票决制。不按职务高低，不讲股份大小，在合伙人会议上，你是一票，我也是一票。是不是一定得一人一票呢？也不一定，比如可以提前制订规则，创始人一次投票顶两票或带否决权。有了这个制度以后，就超越了权力，CEO 也得服从这个流程。

卫哲说："如果流程制度错了怎么办？那就一起讨论修改这个流程制度。"

用价值观来指导流程制度修订

赵晓园说："有意思。看来，这个流程制度还很重要。那么，李经理，是不是说制度越严密就越好管理，我们用规章制度把员工从头管到脚更有利于企业文化落地吗？"

对于赵晓园这个观点，李步青不敢苟同，他说："错！制度有其天然的缺陷。没有人愿意在制度的条条框框下干活。制度越多，员工干得越不开心，企业何来活力？这是其一。其二，制度再多，总有制度无法到达的地方。况且，再严密的制度总能找出规避的办法。我们请杨老师和查老师也说一说吧。"然后，李步青 @ 了杨景与查晓丹。

查晓丹回应："好的。制度与文化对人的调节方式有差异。流程制度主要是外在的、硬性的控制，而文化价值观主要是内在的、软性的引导。但是，流程制度的内涵是文化价值观。当流程制度内涵未被员工内心认同时，至多只反映管理规律和管理规范，对员工只是外在的约束；当员工内心认同了流程制度的内涵并自觉遵守时，流程制度就变成了一种文化。比如，企业要鼓励员工提合理化建议，先定一项制度，时间长了，员工从心理层面接受了这一制度内涵，制度变成空壳，留下来的是文化。美的、金蝶等很多企业取消打卡制度，就是因为员工能够认识到工作的意义是什么。”

邹琴连忙说：“有理！有理！”

赵晓园也说：“也是。所以，管理还是要‘文化＋制度’，也就是‘德治＋法治’，特别是想如何引导员工如企业所愿地做事，只有文化能担当此任。”

邹琴称赞：“‘德治＋法治’，晓园姐这个比喻很形象。”

杨景接过话茬：“其实，我们很多企业不缺制度，许多倒闭的企业的规章制度多到负责制订规章制度的部门自己也搞不清楚到底有多少规章制度。但是，没有很好的企业文化，制度再多，得不到执行，最后还是空的。所以，流程制度既要增加，根据企业文化价值观来制订流程制度；也要减少流程制度，尤其要剔除那些和企业文化价值观相抵触的流程制度。”然后，杨景又开始讲故事了。

阿里巴巴基于价值观给制度做减法

阿里巴巴会给怀孕的员工发防辐射的孕妇服。一开始，制订了《孕妇服领用办法》，当事人申请，主管批准。但是，主管怎么知道员工怀孕了呢，还得加个医院证明。相对而言，这个流程已经很简单了。

年底复盘的时候，时任 CEO 卫哲认为：既然阿里巴巴有条价值观是“诚信”，那就应该相信员工。孕妇服又不好看，谁没事穿在身上？而且，有些病能装，怀孕也装不了啊！我们为什么不相信员工？让员工直接去领就行了呗。但是，有人反对：万一员工没怀孕，替别人领怎么办？卫哲告诉反对的人：我们把这个道理和大家讲清楚，小卖部有带阿里巴巴 logo 的孕妇服，标好了价钱，如果你想送一件给朋友，请去购买；

如果你在阿里巴巴的待遇都不足以给你朋友送这么一件礼物，那你就去冒领一件。

结果，一年下来，根本没发现有员工多领孕妇服的事情发生。

讲完故事，杨景接着说："文化优劣或主流文化的认同度决定着制度的成本。当企业倡导的文化优秀且主流文化认同度较高时，企业制度的成本就低；当企业倡导的文化适应性差且主流文化认同度较低时，企业制度的成本则高。由于制度是外在约束，当制度文化未形成时，没有监督，员工就可能'脱轨'甚至'越轨'，其成本自然就高；当制度文化形成以后，员工自觉从事工作，制度的成本大为降低，尤其是当超越制度的企业文化形成后，制度的成本会更低。当然，制度再周全也不可能凡事都规定到，但文化时时处处都能对员工的行为起约束作用。制度永远不可能代替文化，文化管理也不可能替代制度管理。"

李步青在五人小组微信群里发了一个"赞"，然后@了赵晓园与邹琴，说："杨老师说得很对！我们有必要对北锋公司现有的流程制度进行梳理，动员全体员工参与梳理流程制度的工作，然后结合员工的讨论意见，该补充的补充、该优化的优化、该剔除的剔除，这个过程本身也是一次企业文化形成或重塑的过程。"

这下轮到杨景与查晓丹为李步青点"赞"了。

刷新 树立良好形象，需要文化的支撑

按照企业文化洋葱模型，企业文化的最外面一层就是企业文化的形象化（如图 10-1 所示），赵晓园是组织发展专员，这是她的强项。于是，赵晓园与大家聊起了传播与企业文化形象塑造问题。她说："文化就是沟通，文化就是传播，沟通与传播又可以分为对内沟通、传播与对外沟通、传播。对内沟通、传播，这个好理解，前面杨景、查晓丹两位老师已经给我们讲过了。对外沟通、传播可以使有关机构、群体、个人更好地了解企业，如企业与供应商、经销商、消费者等群体的沟通，企业的各种宣传、公关活动，都能更有力地塑造、传播企业的形象，提高企业的知名度和美誉度。"

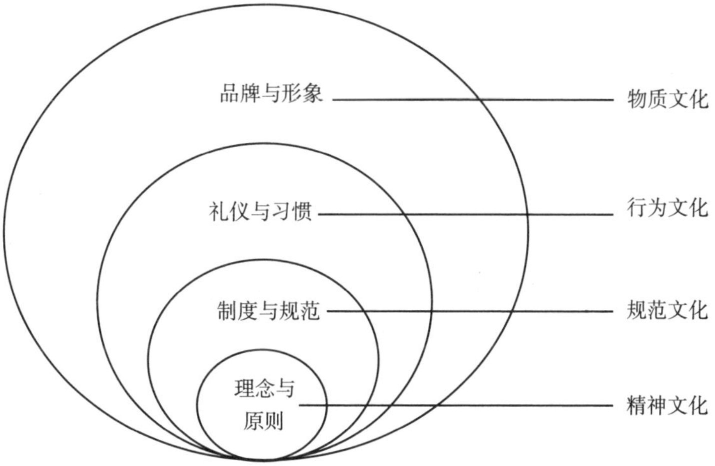

图 10-1　企业文化洋葱模型

"企业形象塑造也分内塑造（塑造出企业员工感到满意的企业形象）、外塑造（塑造出使社会公众感到满意的企业形象）两方面。企业形象的传播与塑造在企业文化学中更多地以企业形象的展示与识别来表述，即以 CIS 来表述。

“CIS（已经从 Corporate Identity System 发展为 Corporate Image System）作为系统，包括理念识别（MI）、视觉识别（VI）、行为识别（BI）、听觉识别（AI）4 个子系统。

“MI 包括企业宗旨、企业价值观念体系、企业精神、企业伦理观念等要素。

“VI 包括实体 VI 和象征性 VI 两大部分。实体 VI 又分为固定实体 VI（如企业的房屋建筑）和流动实体 VI（如投入市场的产品和各种车辆）。象征性 VI 则包括名称（企业名称和品牌名称）、标志（企业标志和商标）、标准字、标准色等要素。

“BI 可分为整体集中 BI 和个体分散 BI、市场 BI 和社会 BI、日常时期 BI 和特殊时期 BI 等。

“AI 包括企业歌曲或厂歌、广告音乐、企业内团队歌曲等。

“企业形象的传播手段，常用的有 6 种。

“1. 广告。企业通过电视、广播等媒介，用生动的语言来宣传企业形象。其中，有宣传企业产品的商品广告和宣传企业本身的公共关系广告。广告在知名度方面的作用最为显著。

“2. 新闻报道与专题研究文章。它具有信息量大、可信度高、说服力强等优点，是提高企业美誉度必不可少的手段。

“3. 展览展销会。这种以实物加上讲解、操作等方式的手段，向公众展示自己企业形象最有说服力。

“4. 接待参观。敞开企业大门，热情接待外界人士来参观，是全面传播企业整体形象、消除社会公众对企业误解的好方法。

“5. 有奖征答。企业公开向社会征求厂徽、厂歌、商标设计等，既体现了企业愿意依靠公众的智慧、尊重公众意见的良好形象；同时，应征的创作者又要对该企业的基本情况、文化传统等进行调查研究，这意味着企业形象有了一次更为深入的传播。

“6. 赞助。企业赞助社会公益事业、文化体育活动和学术研究，既是为本企业优美形象增添光彩，也是提高企业美誉度的传播手段。”

李步青对赵晓园说：“这件事情，对于北锋公司的企业文化建设来说有点早，我们当下的精力还在于内部传播上。不是说这件事情不重要，而是相对于对内传播并通过‘入模子’及绩效与激励等实现行为重塑、内在假设改变的行动，就显得不是那么重要了。杨老师，您说是不是？”

刷新 标语上墙，是最后一步

杨景接过话茬：“李经理说得对。确实如此。如果我们把企业文化比作一个洋葱，那么，可以将企业文化分为 3 层（如图 10–2 所示）。”

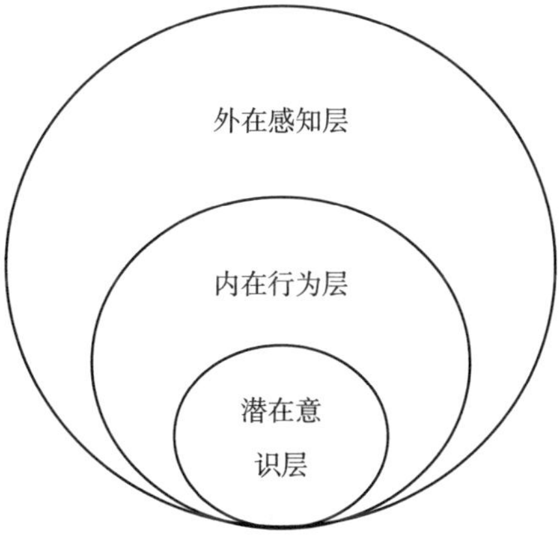

图 10–2　企业文化分层

“最外层是外在感知层。企业文化是由各种外显性的符号构成的，比如企业歌曲和统一着装等，大概 99% 的企业都停留在这个层面。

“中间层是内在行为层。内在行为是指企业倡导的信念、价值观等，需要通过一些制度来保障落地的效果。

“核心层是潜在意识层。这是一种无须提醒的自觉和相信的力量在驱动。因为相信，所以看见。这个时候，企业文化不用去怀疑，也不用经过大脑思考，就能成为员工真正发自内心的一种信仰，我们讲的文化重塑也好、文化转型也好，指的就是核心层的企业文化。

“企业文化的 3 个层次是由外显到内在再直达内核的，这 3 层之间如何转换呢？

“首先，要紧盯过程，立下非常严格的制度，通过制度保证员工有执行力。在这中间，要培养员工的习惯，有了遵守制度的习惯之后，就会取得成果。员工只有取得成果才会由内而外地相信这个东西，才会成为他的思维的一部分。

“真正改变一个人的思维是成果，而真正改变成果的是行为。通过思维的迭代，会进一步促进他对制度的第二层面、第三层面的理解。因此，企业文化只能由内而外地生长。否则，企业文化最终只会成为墙上的一句口号而已。换句话说，标语上墙是企业文化建设的最后一步。”

第十一章 复盘

刷新 你真正清楚企业的文化吗

2020 年 12 月 15 日，北锋公司的愿景、使命、价值观经过近 9 个月的全体员工讨论，九上九下（每个月末集中全体员工的意见，做一次修订，再发布出来供全体员工讨论，一共进行了 9 轮），唐明伟等人组织中高层管理者开会讨论了 18 次，才基本形成初稿。这九上九下，本身也是一次又一次的文化沟通与传播。不知不觉中，北锋公司新的核心价值观已经在很多员工内心深处扎下了根。那么，经过这几个月的努力，特别是新的人才标准、新的培训课程、新的绩效与激励制度的发布及在 CEO 与各级管理者的示范作用下，北锋公司新的核心价值观到底有没有“内化于心，外化于形”呢?

五人小组根据唐明伟的指示，计划用 10 天左右的时间进行一次企业文化重塑的复盘。这次复盘主要有以下几个方面的内容：企业战略对企业文化未来的需求的诊断及差距的考量，企业文化与企业战略是否匹配，企业文化和企业文化重塑策略、机制是否一致，员工个人行为与企业文化的匹配程度及其对组织绩效的影响。

杨景说：“每位 CEO 都对自己的企业非常熟悉，从财务指标到经销商和机器设备等皆可以如数家珍。但是，CEO 是否真正清楚自己企业的文化到底是什么样的呢，CEO 极力倡导的企业文化与实际的企业文化是不是一致呢？答案通常是否定的。因为企业文化既包括看得见的行为举止，也包括隐含的规则、价值观和基本假设。因此，仅凭 CEO 的观察与直觉，恐怕难以全面、具体地认识企业文化的全貌。实践也表明，CEO 往往对自己的企业文化认知是含糊的，某些判断甚至是错误的；某些制约企业发展的重要因素还没有被 CEO 发现、察觉，这些因素可能隐藏在种种美妙的表象背后制约着企业的发展。那么，到底有没有可以科学、形象、具体地描绘出企业文化现状并诊断存在的问题的方法与工具呢？答案是肯定的。”

复盘清单与问卷

在杨景的建议下，《企业文化建设复盘问题清单》（见表 11-1）发到了北锋公司中高层管理者的案头上，请他们用 3 天的时间认真思考其中的 5 个问题。为了得到大家的支持，这封清单的开头还写有唐明伟的一些要求与他的签名。

表 11-1　企业文化建设复盘问题清单

序号	企业文化建设复盘问题
1	你了解北锋公司现在的企业文化吗 你知道北锋公司领导层信奉什么、员工信奉什么吗？对提高北锋公司的竞争力和凝聚力来说，什么东西是最重要的（领导层怎么认为，员工怎么认为） 北锋公司现有的企业文化是不是符合当下的需要
2	北锋公司的企业文化和企业战略配套吗 当企业战略要向“西”前进的时候，企业文化就不能向“东”；当企业战略调整的时候，企业文化也要跟着调整
3	北锋公司的企业文化和管理制度配套吗 当企业文化声称“质量第一”的时候，北锋公司是否有相应的质量管理制度来支持？客户的投诉是否久拖不决？当企业文化声称“技术至上”的时候，北锋公司是否有一个像样的研发机构，是否多年也拿不出一个新产品
4	北锋公司 CEO 及全体管理者的言行和企业文化相符吗？CEO 是不是企业文化的活水源头
5	CEO 是不是一个人单打独斗，而员工却对此不予理会 CEO 在建设企业文化时是不是纸上谈兵、有名无实，说的是这一套、做的却是另一套

与此同时，员工敬业度问卷也借助北锋公司的OA系统发到全体员工的手头上。在等待问卷回收的当口，查晓丹向李步青推荐了两张由杨景根据《基业长青》一书中对企业文化复盘的内容整理出来的问卷。

查晓丹告诉大家，《基业长青》一书的作者柯林斯在对高瞻远瞩公司与对照公司的核心价值观特征对比评估时，主要考虑4个方面的证据：①理念的表述；②理念的历史连续性；③超越利润的理念；④理念与行动的一致性。

柯林斯根据掌握的证据对每一个高瞻远瞩公司与对照公司进行评级，然后计算出整体指数。表11-2是柯林斯评级所用的考评问卷。

表11-2 企业文化评级问卷

① 理念的表述		
等级	分级说明	评级
H（3分）	有重要证据表明，公司表述的一个理念有价值并将该理念用作公司发展的指导源泉 有证据表明，公司主要成员反复谈论或写作该理念，该理念在公司内广泛交流	
M（2分）	有某些证据表明，公司表述的一个理念有价值并将该理念用作公司发展的指导源泉 有证据表明，公司主要成员反复谈论或写作该理念，但也许只有一次或几次。有证据表明，该理念在公司内得到了交流，但少于“H”级评价的公司	
L（1分）	很少或没有证据表明，公司认真澄清并宣布过一个理念	
②理念的历史连续性		
等级	分级说明	评级
H（3分）	有证据表明，①中讨论的已经表述的理念首次明确提出后，在公司历史中变化很小且一直受到重视	
M（2分）	有证据表明，①中讨论的已经表述的理念首次明确提出后，已经发生了实质性变化，而且或很少参照该理念指导公司发展的行动	
L（1分）	很少有证据表明，在公司的历史中某个理念具有连续性的特征	

续表

③超越利润的理念		
等级	分级说明	评级
H（3分）	有证据表明，明确讨论过盈利性的作用或股东财富只是公司部分目标而不是主要趋动目标。明确使用“合理”收益、“充分”收益、“公平”收益、“盈利性”等词语作为实现其他目标的必要条件，而不是使用“最大”或“最高”收益等词语	
M（2分）	有证据表明，公司高度重视盈利和股东收益率，它们等于或大于其他目标和价值的重要性。对超越利润的理念也有考虑，但远不及那些在该方面得到“H”级评价的公司	
L（1分）	有证据表明，超越利润的理念服从于盈利目的，公司高度重视利润和为股东创造财富。有证据表明，公司视财富最大化为生存和高出任何其他因素的首要目的	
④理念与行动的一致性		
等级	分级说明	评级
H（3分）	有重要证据表明，公司理念不仅仅停留在表面文字上 有证据表明，主要策略（如产品、市场或投资）和/或组织规划决定（如组织结构、动机体系、制度）由所表述的理念指导并与其相一致	
M（2分）	某些证据表明，公司理念不仅仅停留在表面文字上 某些证据表明，主要策略（如产品、市场或投资）和/或组织规划决定（如组织结构、动机体系、制度）由所表述的理念指导并与其相一致，或者其一致性不及得到“H”级评价的公司	
L（1分）	很少有证据表明，理念起指导作用及所述理念与公司行动相一致	

注：根据《基业长青》366 ~ 367 页相关内容改编。

还有一个问卷是用于评价人力资源管理策略的问卷。为了讲清楚这个原理，查晓丹特意先讲了一个案例，她说：“一位邮局员工每天从信筒里取信拿回邮局。有一天，开邮筒的钥匙断了，他无法取信。其时，他有两个选择，一是先丢开邮筒不管，打电话让维修人员来修理，改天再来拿信；二是他可以立即将邮筒搬到车上，送到维修站处理，从而可以立即拿出邮件寄送，这是一个有附加值的行为，因为顾客期望每天邮局能在规定的时间送信。尽管第二种做法对邮局有好处，但由于缺乏员工和公司使命与核心价值观的联结，邮局员工却放弃了。因为他担心邮局会因为他破坏公物而处罚他，甚至丢掉工作。”

邹琴“秒”懂：“企业文化和管理制度不配套！”

查晓丹回应：“是的。在这种情况下，由于公司的制度所限，即使公司强调服务的价值观，员工却没有体现在行动上。所以，我们应该对企业文化建设与转型策略进行复盘（表 11–3 所示为企业文化建设与变革策略复盘问卷）。”

表 11–3　企业文化建设与变革策略复盘问卷

①用人标准策略		
等级	**分级说明**	**评级**
H（3分）	有重要证据表明，公司具有正式的和 / 或看得见的能契合核心价值观的用人标准与相应程序，这些程序可能包括：招聘时与聘用后的严格筛选程序；期待员工行为的热情及其对理念的支持；寻求上进新员工；聘用年轻员工，提拔内部员工，从年轻时就塑造员工的思维方式；让员工从头做起，促进员工的理念契合	
M（2分）	某些证据表明，公司拥有围绕核心价值观进行正式并看得见的员工教化程序的悠久历史，但不如获得“H”级评价的公司的证据突出，并且 / 或者历史连续性要稍为逊色	
L（1分）	很少或没有证据表明，公司拥有围绕核心价值观进行正式并看得见的员工教化程序的悠久历史	
②培训与社会化策略		
等级	**分级说明**	**评级**
H（3分）	有重要证据表明，公司具有正式的和 / 或看得见的核心价值观内化的培训课程与相应程序，这些程序可能包括：教授公司理念、核心价值观、行为准则、历史与传统的专门课程；正在举行具有纪念意义的培训	
M（2分）	某些证据表明，公司拥有围绕核心价值观进行正式并看得见的员工培训与社会化程序的悠久历史，但不如获得“H”级评价的公司的证据突出，并且 / 或者历史连续性要稍为逊色	
L（1分）	很少或没有证据表明，公司拥有围绕核心价值观进行正式并看得见的员工培训与社会化程序	

续表

③绩效考评与激励策略		
等级	分级说明	评级
H（3分）	有重要证据表明，公司具有正式的和/或看得见的绩效考评与激励策略来实现员工与核心价值观的契合相应标准与程序，这些程序可能包括：对那些适合的员工给予肯定与回报（这些适合的人看起来很快乐，得到了回报，受到了重视），对那些不合适的员工给予否定和惩罚（他们看起来很不快乐，得不到重视，他们认为自己很“落后”）；对不破坏公司理念的非过失性错误的宽容，对破坏公司理念的错误严格惩罚；对员工忠诚的苛求，对感受到的“不忠”的惩罚；过于严格的行为准则和严格的行为控制，旨在驱逐那些不合适的员工；立下誓言与保证；对与公司核心价值观契合行为的鼓励，对不契合行为的处罚	
M（2分）	某些证据表明，公司拥有围绕核心价值观进行正式并看得见的绩效考评与激励策略来实现员工与核心价值观契合的相应标准与程序的悠久历史，但不如获得“H”级评价的公司的证据突出，并且/或者历史连续性要稍为逊色	
L（1分）	很少或没有证据表明，公司拥有围绕核心价值观而进行的绩效考评与激励策略	
④内部沟通策略		
等级	分级说明	评级
H（3分）	有重要证据表明，公司具有正式的和/或看得见的旨在传播沟通核心价值观的员工教化相应程序，这些程序可能包括：用特有的语言和术语；宣传典型员工的“英雄行为”创造的“神话”；唱公司歌曲，呼公司口号；公司成员成为新员工的主要社交对象，鼓励员工主要与公司其他员工交往；公司有自己的设施（俱乐部、健身场所、餐厅等），以减少员工与外界交往的需要；公司领导人、同事、上司或他人倡导的“当前工作”理念社会化；对外界信息的保密与控制	
M（2分）	某些证据表明，公司拥有围绕核心价值观进行正式并看得见的传播沟通核心价值观的程序的悠久历史，但不如获得“H”级评价的公司的证据突出，并且/或者历史连续性要稍为逊色	
L（1分）	很少或没有证据表明，公司拥有围绕核心价值观进行正式并看得见的传播沟通核心价值观的程序	

续表

⑤制度化与形象化策略		
等级	分级说明	评级
H（3分）	有重要证据表明，公司具有正式的和 / 或看得见的将核心价值观制度化与形象化的物质载体（如制度集、CIS 系统等及相应的执行或运作记录）与程序，这些程序可能包括：能契合公司核心价值观的 CIS 系统；能契合公司核心价值观的员工手册或其他形式的东西	
M（2分）	某些证据表明，公司拥有围绕核心价值观进行制度化与形象化的正式并看得见的程序的悠久历史，但不如获得“H”级评价的公司的证据突出，并且 / 或者历史连续性要稍为逊色	
L（1分）	很少或没有证据表明，公司拥有围绕核心价值观进行正式并看得见的制度化与形象化的程序	

注：部分根据《基业长青》341 ～ 342 页内容改编。

尾声

未来已来

2020年12月31日晚，华灯初上，大街小巷车笛声声，不绝于耳；行人裹着厚重的棉衣，迈着欢快的脚步。路灯、车灯、霓虹灯，笛声、笑声、说话声，交织如斯，呈现出一幅欢乐祥和的新年景象。19时许，北京阳光海悦酒店的会议厅人头攒动、欢笑不断。原来，北锋公司的年会正在此处如火如荼地进行着。

唐明伟代表北锋公司做年度总结发言，他说："公司'两化'战略尽管今年刚刚起了个头，但通过文化转型与价值观刷新，感觉到文化和业务是相辅相成、相互渗透的。能够明显感觉到我们上上下下精神面貌一天比一天好，而且在业务的呈现结果上也是越来越好。我们全年业绩同比2019年，不降反升。在疫情影响下能取得这样的成绩确实很不容易，也直接证明公司'两化'战略转型取得了初步成绩、公司文化转型取得了初步成功。感谢大家的辛苦付出！也感谢各位家属的默默奉献！"

"我们公司是5月份正式让大家到公司上班的，我们的销售工程师们也是5月份开始正常出差的，由于疫情而中断的交付项目也在5月份陆陆续续地开工了。

"今年，国家强化'两新'（新基建、新型城镇化）'一重'（重大项目）项目投入，并且出台了很多如社保减免等惠企政策，一方面大大降低了企业成本，另一方面又为我们这样的公司开拓了新的发展空间。在这个背景下，我们快速启动了公司的'两化'转型项目，也进行了企业文化与领导力重塑工作——企业文化刷新。

"9个月以来，我感觉我们已经成长为一家使命驱动型的公司。

"曾经有位企业家说，企业文化的精神内核是一种油然而生的使命感。一群人因为有了共同的目标或使命感而组织起来，从而产生了比离散的个人更为强大的力量。因此，使命感对于一个企业来说是必不可缺的。尤其是当一个企业成为行业的先驱和领军者时，因为没有可以模仿的对象，全凭使命感来驱动和抉择。”

最后，唐明伟总结：“在经济形势与疫情反复的多重压力下，在北锋公司面临最严峻考验时，之前投入在企业文化刷新上的时间和精力，让我们取得了超额的回报，不仅能够顺利地度过‘冬天’，还能用比其他企业更好的精神状态迎接下一个‘春天’。”

附录

附录一　丹尼森企业文化模型与问卷

一、什么是丹尼森企业文化模型

衡量企业文化最有效、最实用的模型之一是由瑞士洛桑国际管理学院（IMD）著名教授丹尼尔·丹尼森创建的丹尼森企业文化模型。

丹尼尔·丹尼森认为理想企业文化的四大特征分别是：外部适应性、内部整合性、灵活性、稳定性。

丹尼森企业文化模型是在对大量的企业研究后总结出的企业文化的4个特征：参与性、一致性、使命和适应性。附图1所示为丹尼森企业文化模型。

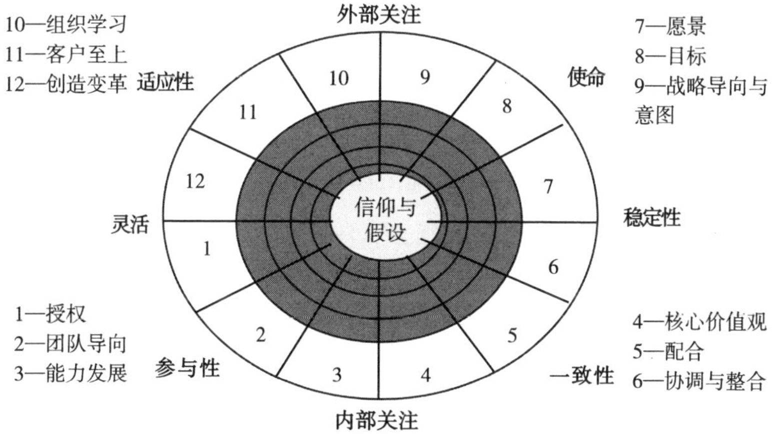

附图1　丹尼森企业文化模型

（一）参与性

参与性：涉及员工的工作能力、主人翁精神和责任感的培养。企业在这一文化特征上的得分反映了企业对培养员工、与员工进行沟通，以及使员工参与并承担工作等方面的重视程度。参与性可以从以下 3 个维度来体现：授权，团队导向 ，能力发展。

授权：员工是否真正被授权并承担责任，他们是否具有主人翁意识和工作积极性。

团队导向：企业是否重视并鼓励员工相互合作，以实现共同目标？员工在工作中是否依靠团队的力量来完成任务？

能力发展：企业是否不断投入资源培训员工，使他们具有竞争力，跟上企业业务发展的需要，同时满足员工不断学习和发展的愿望？

（二）一致性

一致性：用以衡量企业是否拥有强大且富有凝聚力的内部文化。一致性可以从以下 3 个维度来体现：核心价值观，配合，协调与整合。

核心价值观：企业是否存在一套大家共同信奉的价值观，从而使员工产生强烈的认同感，并且对未来抱有明确的期望？

配合：领导者是否具备足够的能力让大家达成高度的一致，并且能在关键的问题上调和不同的意见？

协调与整合：企业中各职能部门和业务部门是否能够密切合作？部门或团队的界限会不会变成合作的障碍？

（三）使命

使命：用于判断企业是一味注重眼前利益，还是着眼于制订系统的战略行动计划。使命可以从以下 3 个维度来体现：愿景，目标，战略导向与意图。

愿景：员工对企业未来的理想状况是否达成了共识？这种愿景是否得到企业全体员工的理解和认同？

目标：企业是否周详地设定了一系列与使命、愿景和战略密切相关的目标，可以让每名员工在工作时做参考？

战略导向和意图：企业是否希望在本行业中脱颖而出？明确的战略意图展示了企业的决心，并且使所有人都知道应该如何为企业的战略做出自己的贡献。

（四）适应性

适应性：主要是指企业对外部环境（包括客户和市场）中的各种信号迅速做出反应的能力。适应性可以从以下3个维度来体现：组织学习，客户至上，创造变革。

组织学习：企业能否将外界信号视为鼓励创新和吸收新知识的良机？

客户至上：善于适应环境的企业凡事都从客户的角度出发。企业是否了解自己的客户，使他们感到满意，并且能预估客户未来的需求？

创造变革：企业是否惧怕承担因变革而带来的风险？企业是否学会仔细观察外部环境、规划相关流程及变革的步骤并及时实施变革？

上述四大特征中，每个特征又各有3个维度，12个维度分别相应地对市场份额和销售额的增长、产品和服务的创新、资产收益率、投资回报率和销售回报率等业绩指标产生着重要的影响。

二、丹尼森企业文化模型内容分析

附图2所示为丹尼森企业文化模型内容。

附图2中，位于左侧的两大文化特征注重变化与灵活性；位于右侧的两大文化特征体现企业保持可预测性及稳定性的能力。

附图2中，位于上部的两大文化特征与企业对外部环境的适应性相关；位于下部的两大文化特征强调了企业内部系统、组织结构及流程的整合问题。

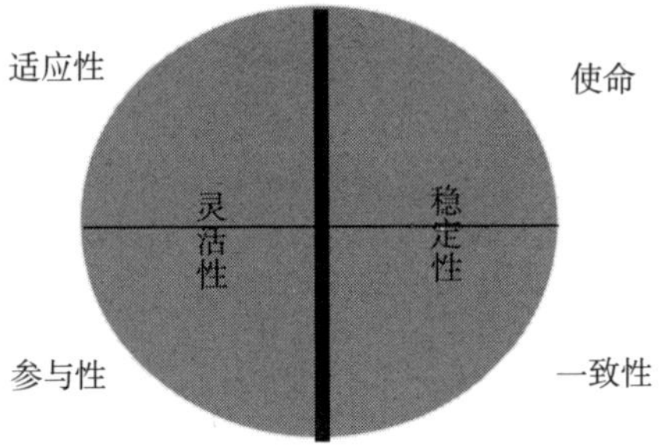

附图 2　　丹尼森企业文化模型内容

在丹尼森企业文化模型中，适应性与参与性强调的是企业的灵活性和变革的欲望与能力；而使命和一致性则强调企业保持可预测性与稳定性的能力，两者构成了一对矛盾主体。适应性与使命强调的是一个企业对于外部环境的适应能力；参与性与一致性强调的是一个企业在内部的和谐能力，这又构成了企业文化建设中的一对矛盾主体。两对矛盾主体，这也是一个企业在文化建设中所要平衡和解决的主要冲突。这两对矛盾能否成功解决，也决定了一个企业文化建设的成败。

三、不同的文化特征会对企业业绩的不同方面产生影响

企业对外部的关注往往极大影响市场份额和销售额的增长，而对内部的关注则更多地影响投资回报率和员工满意度。

灵活性与产品和服务的创新密切相关，而稳定性则直接影响到诸如资产收益率、投资回报率和利润率等财务指标。

四、丹尼森企业文化问卷

（一）参与性

1. 企业的决定通常是在充分征求各部门意见的基础上做出的。

2. 每名员工都了解企业内部的情况，在需要的时候能够得到所需要的帮助。

3. 企业大部分员工都积极参与工作并努力完成分配给自己的任务。

4. 每名员工都相信自己的工作能够对企业产生积极的作用。

5. 在本企业工作能在一定程度上增长自己的才干、发挥自己的潜力。

6. 每名员工都能在某种程度上参与到计划执行的决策过程中。

7. 企业鼓励各部门间互相合作。

8. 员工彼此间进行广泛合作。

9. 工作时，大家像一个团队。

10. 您和同事相处很融洽。

11. 上下级的配合是为了共同完成工作，而不是因为等级制度所致。

12. 企业是由很多团队或部门构成的，员工们喜欢以“团队作战”的方式共事。

13. 员工有组织的进行工作，每一名员工都能看到企业目标设置与本职工作目标之间的关系。

14. 权力下放，每一名员工都有权力按自己的方式做事。

15. 企业内职权划分清晰，一个有利于企业发展的决策能很快在内部得以推行，而不会因权力问题得不到执行。

16. 员工通过工作锻炼增长能力。

17. 企业为提高员工的技能，有持续不断的教育培训投资（培训、制度建设、思想教育等）。

18. 企业把员工的能力看作是提高企业竞争优势的重要资源。

19. 企业经常由于缺少具有某项工作技能的员工而出现问题。

20. 领导可以很快知道基层发生的事情，基层也能很快知道领导的决策。

21. 您对企业发展的建议和意见能够妥善地得到处理。

22. 您在工作或生活中遇到的困难会跟您的上级或同事提及。

23. 领导的为人处事很公平，不会有太多的个人主观意见。

24. 领导给予您所需的职权，您有权做出改进工作流程和程序的决定。

25. 领导要求您对工作中的表现和结果负责。

26. 领导鼓励您用自己的方法解决工作中遇到的困难。

27. 企业优先确保员工持续的学习和技能提升的机会。

28. 您对企业的工作安排非常愿意认真地贯彻执行。

29. 企业内部存在有事互相推诿的现象。

30. 您对企业制度安排不合理的地方可以充分表达自己的意见和建议，领导也会考虑接受这些意见和建议。

31. 您觉得现在的岗位很适合自己。

32. 您认为本企业所有的员工是团结一心的。

33. 企业存在偷懒的人却得到领导赏识的情形。

34. 企业有明确完善的奖惩机制。

35. 您的付出能得到相应的回报。

36. 企业对犯错的人无论职位高低都会给予一定的惩罚。

37. 您愿意与企业一起共同承担风险。

38. 您觉得有时候在企业里面多一事不如少一事。

39. 每名员工都觉得积极工作会产生好的工作结果。

40. 工作业务规划很完善，并且多数人都积极参与。

41. 您很乐意帮同事完成非自己分内的工作。

42. 您觉得工作能够得到认可，有成就感。

（二）一致性

1. 企业对员工承诺的事情一定会尽力办到。

2. 领导的为人处事很公平，不会有太多个人的主观意见。

3. 您觉得跟领导工作很有成就感并令人鼓舞。

4. 有清晰一致的价值观在指导所有员工的工作实践。

5. 如果您忽略了企业的核心价值观将会给您带来麻烦。

6. 所有员工都相信：我们有共同的道德规范指导我们的行为、告诉我们对与错。

7. 企业有自己明确的价值观，明确规定管理规则和员工行为规范，如“保护纳税人的利益是我们做一切事情的核心”。

8. 当所有员工达不到共识时，大家努力找到“双赢”的解决办法。

9. 所有员工都相信：我们很容易达成共识，即使在困难的问题上。

10. 所有员工都相信：对于做事的正确方式与错误方式，我们有清楚一致的意见。

11. 上下一致，对于上级的指示一致服从。

12. 在关键的问题上，所有的员工经常难以达成共识。

13. 所有员工都相信：我们有预先设定的共同的做事方式。

14. 企业中不同部门的人有共同的视角，能够互相理解。

15. 不同的部门之间很容易合作并完成任务。

16. 企业中各个不同的部门为完成共同的目标而工作。

17. 与企业内其他部门的人一起工作，就如同同自己的家人一起工作一样。

18. 企业的组织结构明确，控制系统完善。员工的工作完全按照规章制度办事。

19. 企业注重工作的完成和工作结果，员工也看重成就。

20. 企业的薪酬福利能够反映出员工的实际能力。

21. 企业像一个大家庭，员工能同甘共苦。
22. 员工只是因为工作而发生冲突，而不是个人之间产生矛盾。
23. 企业有自己的明确规定的管理规则和员工行为规范。
24. 企业中层以上管理者经常以身作则，用实际行动兑现承诺。
25. 您对工作环境很满意。
26. 您的工作能够受到别人的尊重。
27. 您愿意长期留在本企业工作。
28. 工作中出现问题时，领导会尽量协助大家一起寻找解决办法。
29. 作为本企业的员工，您觉得很自豪。
30. 您觉得自己的利益和本企业的利益是很容易协调的。
31. 您的知识技能在本企业能够得到充分、有效的发挥。
32. 您对于企业制订的各项规章制度都很认同。
33. 您对于您的工资待遇福利都很满意。
34. 企业各个部门间分工合作很明确。
35. 领导对待不同收入的员工的态度有所不同。
36. 领导与普通员工相处融洽。
37. 领导善于处理各种人际关系。
38. 您觉得协调不同部门之间的工作并不困难。
39. 您很喜欢参与本企业举办的各种文体活动。

（三）使命

1. 企业内部有长期战略方针。
2. 企业有清晰的发展思路和目标。
3. 企业只考虑了当前利益而忽略了长远利益。
4. 企业有过因为管理不善而导致失败的事情发生的情况。
5. 企业有一定的危机意识。

6. 企业有应对危机的预警方案和资金储备。

7. 企业的战略很明确，有正式的记录。

8. 我们有上下一致的目标。

9. 企业的使命给所有员工的工作说明意义、指明方向。

10. 领导设立的目标是有挑战性的，而且是可以实现的。

11. 所有员工都相信：我们是不断地向我们的目标前进。

12. 所有员工都明白：为了长远的成功，我们需要做什么。

13. 企业的战略目标？我不清楚。

14. 企业有明确且有可操作性的工作目标实施步骤（比如短、中、长期发展目标）。

15. 关于企业将来会是什么样，所有员工有共同的展望。

16. 企业有专门机构负责计划的实施并时刻监督、修正计划。

17. 领导具有长远的眼光。

18. 企业对未来的设想使员工受到鼓舞，员工激情澎湃。

19. 所有员工都相信：我们能够满足短期需要而不损害长期愿景。

20. 短期利益常常会使长期愿景为之妥协。

21. 领导亲自实践他们所倡导的东西。

22. 企业具有自己特有的管理模式和管理制度。

23. 企业建立了一个在 21 世纪提高自身能力和为纳税人服务的系统。

24. 领导向所有的员工交流了他对未来的看法。

25. 员工同意并真正坚持贯彻领导对未来的远景规划。

26. 企业上下对未来远景规划有着深切的感受。

27. 未来远景规划的提出在企业上下引起了极大的轰动，所有员工都感兴趣。

28. 企业有明确且有可操作性的发展实施规划（比如短、中、长期发展规划）。

29. 企业有明确的鼓舞人心的目标。

30. 各部门之间经常进行信息沟通。

31. 企业确立了明确的使命，为员工的工作提供了指导方针。

32. 员工普遍认同企业的发展目标。

33. 领导设定的目标既宏伟又切合实际。

34. 员工不断跟进完善既定目标的实现。

（四）适应性

1. 您觉得工作的方式灵活多变。

2. 企业对于外部环境的变化（如世界性的经济危机或金融危机等）有很好的反应措施和应急方案。

3. 企业会不断采纳新的和改进的工作方式。

4. 企业会经常改进服务以获得外界认可。

5. 企业善于进行主动的改革。

6. 企业在获得自身利益的同时注重纳税人利益的保护。

7. 企业的不同部门经常合作来创造改革红利。

8. 企业对变革的尝试，总是会遇到抵制。

9. 企业根据纳税人的评价和建议做出调整和改变。

10. 纳税人直接影响企业的决策。

11. 企业所有成员都理解纳税人的需求。

12. 企业鼓励员工紧密联系纳税人。

13. 纳税人的利益常常在企业的决策中被忽视。

14. 企业把失败看作是学习和改进的机会。

15. 创新和冒险受到鼓励和奖励。

16. 在日常工作中，学习是很重要的事情。

17. 企业确保信息在内部充分流通和共享。

18. 许多事情因失败而告终。

19. 企业会根据宏观经济的变化调整自己的计划。

20. 企业经常引导大家学习新知识，而且您觉得这种学习对您很有帮助。

21. 企业有良好的培训计划。

22. 企业各部门的目标协调一致。

23. 企业在进行决策时，有时候忽视了纳税人的利益。

24. 您觉得企业对于纳税人的意见很上心。

25. 企业对外传播的网络健全，和新闻媒体的联系良好保持，有适当的形象发布和形象宣传及相关的公关活动来推动企业的形象建设工作。

26. 您的企业在对外宣传中很注重对企业形象的宣传。

附录二　核心价值观还原调查问卷

一、第一部分：企业核心价值观调查

企业核心价值观调查如附表 1 所示。

附表 1　企业核心价值观调查

序号	备选核心价值观	请选择 3~6 项您认为与您所在企业的现状最符合的价值观
1	正直与诚实	
2	宽容诚实的错误	

续附表

序号	备选核心价值观	请选择 3~6 项您认为与您所在企业的现状最符合的价值观
3	信任、倾听、分享与合作	
4	产能与产出的平衡	
5	自律和持之以恒	
6	质朴与谦逊	
7	沉静与系统思考	
8	尊重个人的首创精神及个人成长	
9	尊重、鼓励每名员工的能力和创造力	
10	尊重员工并给予机会，包括共享成功的机会	
11	员工是企业力量的源泉，善待之并寄予高度期望	
12	给予员工充分的工作自由，和员工成为伙伴	
13	永远追求更高的目标，以创造力、想象力不断追求进步	
14	努力工作，不断进行自我更新，学习知识、提高工作能力，创建学习型组织	
15	努力工作，但保持工作乐趣，追求效率和效果	
16	以客户为中心（员工亦是企业的客户），其次是社会的责任及股东的利益	
17	不断改进企业的一切行为：顾客满意度、品质和创新	
18	在企业所有层面明确追求完美，坚持彻底把事情做好	
19	营造“执行”的文化，事实胜于美梦	
20	敏锐、敏捷、积极主动	
21	产品的质量可靠性及安全性	
22	其他，请写出：	

续附表

序号	备选核心价值观	请选择 3~6 项您认为与您所在企业的现状最符合的价值观
23	其他，请写出:	
24	其他，请写出:	

二、第二部分：企业核心价值观提炼

请您根据自己的切身体会，协助回答以下几个问题。

1. 几年的创业历程中，您认为对本企业发展最重要的 3 件事情是什么？

第一件事情：

第二件事情：

第三件事情：

2. 最令您难忘的一件事情是什么？

3. 您最受感动的一件事情是什么？

4. 您认为对本企业贡献最大的 3 个人分别是谁？他们最宝贵的精神是什么？他们对您最大的启发是什么？

①第一个人

他的姓名：

他的故事：

他最宝贵的精神：

他对您最大的启发：

②第二个人

他的姓名：

他的故事：

他最宝贵的精神：

他对您最大的启发：

③第三个人

他的姓名：

他的故事：

他最宝贵的精神：

他对您最大的启发：

5. 您认为本企业多年来良性发展，是因为具备了什么样的精神（理念）？

6. 本企业有什么样的使命、目标（愿景）能使您觉得您的工作重要？

7. 本企业对您的工作要求清晰吗？您知道多少？（　　）

A. 很少　　B. 一般　　C. 较多　　D. 很多

8. 您有做好您的工作所需要的材料、设备及相关资源吗？（　　）

A. 很少　　B. 一般　　C. 较多　　D. 很多

9. 本企业对员工的工作出色给予表扬吗？（　　）

A. 很少　　B. 一般　　C. 较多　　D. 很多

10. 本企业尊重员工的个性吗？您有机会做自己擅长的事情吗？（　　）

A. 很少　　B. 一般　　C. 较多　　D. 很多

11. 本企业的主管们及其他同事们关心他人的个人情况吗？本企业鼓励个人发展吗？上司与员工谈论其个人的进步吗？上司让员工在工作中有机会学习和成长吗？（　　）

A. 很少　　B. 一般　　C. 较多　　D. 很多

12. 本企业的主管们及其他同事们经常关注您在工作中存在什么样的问题吗，关注您有什么实际困难吗，给予过您什么样的帮助和支持吗？（　　）

A. 很少　　B. 一般　　C. 较多　　D. 很多

13. 本企业存在设立一些不合理制度来管理少数较差的员工，反倒排挤优秀的员工吗？（　　）

A. 很少　　B. 一般　　C. 较多　　D. 很多

14. 本企业存在富有创新的员工因厌恶日益滋长的官僚主义和等级制度而辞职吗？本企业的创造力在减退吗？（　　）

A. 很少　　B. 一般　　C. 较多　　D. 很多

15. 本企业存在着计较社会等级中的细微差异，而不是关注顾客、竞争对手与外部世界变化的情形吗？（　　）

A. 很少　　B. 一般　　C. 较多　　D. 很多

16. 本企业存在营造一种平等的氛围，支持和保护员工讲真话、提出合理化建议吗？每名员工的意见都能受到重视吗？（　　）

A. 很少　　B. 一般　　C. 较多　　D. 很多

17. 本企业管理人员能有效平衡好员工的利益（发展）和本企业的利益（发展）吗？（　　）

A. 很少　　B. 一般　　C. 较多　　D. 很多

18. 本企业的员工有权参与文化建设及目标、决策、制度、管理系统等的设定吗？员工能够自主管理吗？（ ）

A. 很少 B. 一般 C. 较多 D. 很多

19. 本企业的日常管理工作具有透明度吗？本企业的信息系统能够让员工共享经营价值观吗？（ ）

A. 很少 B. 一般 C. 较多 D. 很多

20. 本企业关注员工培养及学习环境和成果吗？（ ）

A. 很少 B. 一般 C. 较多 D. 很多

21. 本企业关注过程改善成果吗？（ ）

A. 很少 B. 一般 C. 较多 D. 很多

22. 本企业关注员工满意度和社会责任方面的成果吗？（ ）

A. 很少 B. 一般 C. 较多 D. 很多

附录三 企业文化诊断量表

说明：附表 2 是关于企业文化及运营的 60 个陈述，请您根据自己的工作感受，判断是否同意下列说法。

附表 2 企业文化诊断量表模板

题号	企业文化及运营的 60 个陈述	非常不同意	不同意	说不好	同意	非常同意
1	本企业的绝大多数同事都高度投入他们的工作中					
2	本企业的决策通常是在能最好的处理信息的层面上做出的					
3	本企业广泛共享信息，大家可以方便地得到自己所需的信息					

续附表

题号	企业文化及运营的 60 个陈述	非常不同意	不同意	说不好	同意	非常同意
4	本企业的每名员工都相信他们能产生积极的影响					
5	本企业的每名员工都在一定程度上参与企业商业计划的运行					
6	本企业积极鼓励不同职能单元之间的合作					
7	本企业像一个团队那样工作					
8	本企业基于横向控制和协调来完成工作，而不是基于纵向层级体系来完成工作					
9	团队是本企业基本的工作单元					
10	本企业的工作组织得不错，每个人都知道自己的工作和企业目标之间的关系					
11	本企业赋予员工权限，使得大家能够自主行事					
12	本企业所有员工的能力正不断得以提升					
13	本企业为培养提升员工的技能持续投资					
14	本企业视员工的能力为竞争优势的重要源泉					
15	员工常因没有掌握必需的工作技能而出问题 *					
16	本企业的领导及管理层如他们倡导的那样做事					
17	本企业的管理风格富有特色，管理实践与众不同					
18	本企业有一套明确一致的价值观体系以指导大家从事商业活动					

续附表

题号	企业文化及运营的 60 个陈述	非常不同意	不同意	说不好	同意	非常同意
19	忽视本企业的核心价值观将使大家陷入困境					
20	本企业有一系列行为准则，告诉大家如何分辨是非					
21	当内部发生分歧时，大家努力寻求双赢的解决方案					
22	本企业有很强势的文化					
23	即使对于重要问题，大家也容易出现相反的意见 *					
24	在关键问题上，大家经常难以达成共识 *					
25	本企业内部对于什么样的做事方法是正确的或是错误的有明确共识					
26	大家做事情的方式非常一致并可行					
27	本企业不同部门的人有共同的看待问题的方式					
28	本企业不同职能单元之间进行协调很容易					
29	跟本企业内其他部门的同事一起工作感觉就如同跟其他企业的人一起工作一样 *					
30	本企业不同层级的员工在工作上是协调一致的					
31	本企业有良好的应变性					
32	本企业对竞争对手及商业环境的变化有很好的应变能力					
33	本企业持续采用新的、更好的工作方式					
34	本企业变化、变革的努力通常会遭遇阻力 *					

续附表

题号	企业文化及运营的 60 个陈述	非常不同意	不同意	说不好	同意	非常同意
35	本企业的不同部门经常联合进行变革工作					
36	客户的意见和建议常常导致本企业进行变革工作					
37	客户对本企业的决策有直接影响					
38	本企业所有员工对客户的需要有深入理解					
39	本企业的决策常常忽略最终客户的利益 *					
40	本企业鼓励员工直接接触客户					
41	本企业把失败看成是学习和成长的机会					
42	本企业鼓励创新，并且对承担风险的人给予回报					
43	本企业很多事情是经过失败做成的					
44	学习是日常工作的重要目标和任务					
45	大家做事情前后一致					
46	本企业有长远的目标和方向					
47	本企业的战略正引领其他竞争对手做出变革					
48	本企业明确的使命为大家的工作赋予意义和方向					
49	本企业对于将来的发展有清晰的战略					
50	本企业的战略方向对我来说是不清晰的 *					
51	大家对于工作目标有广泛的共识					

续附表

题号	企业文化及运营的 60 个陈述	非常不同意	不同意	说不好	同意	非常同意
52	本企业的领导设定的目标是高标准的，也是现实的					
53	本企业的领导已经明确大家要达到的目标					
54	大家根据既定的目标不断地检查工作进程					
55	大家知道为了完成工作目标该做什么					
56	大家对于本企业的未来有共同的愿景					
57	本企业的领导眼光长远、立足长远					
58	本企业的短期想法通常服从于远景规划					
59	本企业的远景规划激励着所有员工					
60	在不与本企业远景规划冲突的情况下，大家的工作能够满足短期的需要					
说明	* 表示反向计分 诊断维度构成：1~5 题，参与；6~10 题，团队导向；11~15 题，能力发展；16~20 题，核心价值观；21~25 题，共识；26~30 题，协调与整合；31~35 题，创造变革；36~40 题，客户关注；41~45 题，组织学习；46~50 题，战略方向；51~55 题，目标；56~60 题，愿景					

参考文献

〔1〕 杨序国．文化制胜的5C策略[M]．长沙：湖南科学技术出版社，2006年．

〔2〕 杨序国．考量——让老板看到人力资源管理的价值[M]．长沙：湖南科学技术出版社，2005年．

〔3〕 杨序国，何稳根．绩效管理何以见绩效[M]．长沙：湖南科学技术出版社，2006年．

〔4〕 帕蒂·麦考德．奈飞文化手册[M]．范珂，译．杭州：浙江教育出版社，2018年．

〔5〕 萨提亚·纳德拉．刷新：重新发现商业与未来[M]．陈召强，杨洋，译．北京：中信出版社，2018年．

〔6〕 吉姆·柯林斯．从优秀到卓越[M]．俞利军，译．北京：中信出版社，2002年．

〔7〕 亨格，惠伦．战略管理精要（2版）[M]．王毅，应瑛，译．北京：电子工业出版社，2002年．

〔8〕 杰克·韦尔奇．杰克·韦尔奇自传[M]．曹彦博，等译．北京：中信出版社，2001年．

〔9〕 柯林斯，等．基业长青[M]．真如，译．北京：中信出版社，2002年．

〔10〕 珀尔·简斯特，大卫·赫西．公司能力分析：确定战略能力[M]．冀书鹏，译．北京：人民邮电出版社，2004年．

后记

出版缘由与致谢

2005年，我在“奔三”的年纪出版了自己的首部管理类书籍《HR执行力》。之后的10多年来，我一边为客户提供组织创新、领导力发展、人才管理方面的咨询与培训，一边笔耕不辍，陆陆续续出版了10多部管理类图书。

尽管陆陆续续出版了不少图书，但至今也没有什么成就感，因为我一直想着如何能写得更好、更能让读者喜欢。因此，如果有读者问我最有成就感的图书是哪部时，我的答案永远都是“下一部”。

当今社会是信息社会、网络社会，最不缺乏的就是信息。但是，人们面对海量的信息，往往无所适从。图书作为信息的载体，应该提供逻辑的、生动的、有效的信息。所谓逻辑、生动、有效，是说不能光分享经验（这些经验要容易理解和记忆，并且实用、生动、有趣），还要周到、通用，能成为一种常识甚至原则，以便于读者能有所获益。

以2009年出版《任职资格管理》一书为标志，我开始转型写作风格。特别是2013年出版的《HR培训经理》是我写作风格完成转型的标志，我企图将该书写成一部通俗的管理读物、一部实战的管理小说、一部实用的工具书。读者反映他们基本上只需用三四个小时的时间，以放松与消遣的方式就能看完、看懂《HR培训经理》。而2016年出版的《任职资格管理3.0》也是这一风格的延续。

2016年，我转身进入互联网产品公司做2B产品总监、总经理。正是这几年在互联网产品公司的经历让我对数字技术有了更深的认识，对VUCA时代有了更全面的理解。当然，我也对数字领导力发展、生物型组织、敏捷人才管理有了全新、全面的理解，我开始重新思考数字时代组织创新、领导力发展、人才管理的底层逻辑与基石假设，也包括企业文化。于是，就有了这部图书的问世。

当然，如果没有许多人的帮助与支持，我不可能完成本书的写作。

首先，我得感谢我的妻子查晓萍，她是东莞某日资公司的董事总经理，一边辛苦工作（日资公司有极重的加班文化），一边还要照顾一双儿女。当然，她的身材横向发展的同时脾气也经常控制不住。

小女儿杨丹在我奋笔疾书的时候，总会第一时间爬上我的双膝，小手在键盘上翻飞，导致本书初稿错误不少，本书初稿的错误有她四分之三的“功劳”。

由于老家建房的缘故，我欣然做着“全职奶爸”，享受着陪伴女儿“007”的快乐，而本书也正是在这几个月时间集中完成初稿的。家中老人回乡下老家建房期间的快乐也让我反省：将家中老人带进城住楼房非他们之愿，这并不是他们想要的日子。让家中老人在晚年回到生活了几十年的乡下老家，面对熟悉的环境，面对熟悉的人，讲着同样的乡音，让他们每天依然种菜、采茶、喂鸡、聊天，才是真正的孝顺。

在近15年的组织创新与人才管理咨询培训生涯中，知名战略管理咨询专家何稳根是我的领路人，他现在已是远卓咨询的董事副总裁，非常感谢他将我带进这个专业领域。

知名HR信息化专家张东超两度成为我的领导，但我更愿意视他为兄长，他现在是腾讯控股HR信息化总监，非常感谢他兄弟般的友情。

华为前副总裁、知名华为研发管理专家胡红卫让我一生敬重的不是他的财富，而是他在人才管理与IPD研发管理领域的权威地位，更敬重他卓越的领导才能与人品，非常感谢他为我的前行点亮指路明灯。

理才网两位创始人陈谏、卢婧于2016年邀请我出任其人才发展公司的总经理，让我认真学习了北森、倍智人才等国内人才测评厂商的系统知识，从0到1组建产品团队，从0到1打造在线测评产品及与其配套的测评咨询服务产品，经历了从产品战略规划、产品PRD设计、协同技术开发、产品上线、产品迭代与品牌打造的全过程，让我有机会积累丰富的产品实践经验与人才测评咨询经验，感谢两位给予的宝贵发展机会。

最后，我要提前向我的读者致谢，感谢你们的一路陪伴！本书若有谬误疏漏之处，欢迎大家批评指正。

杨序国

2022年6月